アイヌ民族の現在、過去と未来！

平山裕人

目次

第2日目　アイヌ文化期

第6日目　アイヌ新法

はじめに

〜現在のアイヌ政策を批判し、アイヌ民族の先住権に、私たちはどう向き合うべきかを考える〜

登場人物

ノンノ　大学1年生。『アイヌ政策のあり方に関する有識者懇談会報告』に示された歴史認識を調べようと思い立った。

ウパシ　ノンノの弟、高校2年生。歴史に興味を持つ。

じい　アイヌ史を調べている隠居。

（ウパシ）　お姉ちゃん！　最近、アイヌ文化のことをテレビでよく見聞きするんだけど。確か、2019年に、アイヌ民族の法律ができたよね。そして、2020年に国立のアイヌ民族博物館や民族共生象徴空間（ウポポイ）ができ、アイヌ民族の若者がウポポイに集められ、民族の伝統を伝えていると聞いたよ。

（ノンノ）　アイヌ民族の法律って、どういうモノなの？ アイヌ政策ってどうなっているの？

（ウパシ）　それは隣の隠居に聞いてみようぜ。お姉ちゃん！　行くぞ。（タッタッタと走る）
ピンポーン！　オーイ！　御隠居～。
（じい）　なんじゃ？　御隠居はやめてくれ！　じいさんでいいよ。
（ノンノ）　それではさっそく、じいさん！　アイヌ民族の法律って、何ですか。
（じい）　それを知るためには、先住民族の権利（先住権）について知っておかなければならない。アイヌの歴史も知らなくちゃならん。それを知って、この法律やウポポイの位置を知る必要がある。
（ウパシ）　何ですか？　先住権って！
（じい）　お姉ちゃんのノンノが大学1年生、弟のウパシが高校2年生か。それじゃ、世界史を習っているね。
（ノンノ）　じいさん、ここだけの話だけれど（ヒソヒソ）、世界史を人間の誕生から近現代まで学んでいる人なんてほとんどいないよ。入試に世界史を選んだ人だけが学んでいるんだよ。
（ウパシ）　小・中学校とも、教科書から一歩も離れないし、ノートの書き方ばかり型にはめて、上手に書けと言われているから、学校で学ぶ歴史、全然面白くなかった。
（じい）　確かに、学校中、いやその街中、皆同じ教え方、同じノートの書き方、同じ学習規律の横並び。それどころか小中連携とか言って、中学校の管理教育を小学校に押し付ける横並び教育、ウ？　たて並び教育か。それから上から言われたことばかりを率先して実行する忖度教師も増えていると聞く。教育大学にも、指導主事が教えに来て、文科省の考えを強制する場になっているらしい。

これ、変でないかと思わない教員ばかりが増え、変だと言う貴重な先生を白い目で見るようになってきた。トホホ……。悲しい現実だ、日本の未来に悲観する！

（ウパシ）じいさん、落ち込むな！　要はきちんと世界史を学んでいないということ！

（ノンノ）だから、じいさんのところに聞きにきたじゃないの。

（じい）よし、それでは気合を入れて、説明するぞ。西暦１４００年ころの、アメリカ・オーストラリア、さらにはシベリアはどういう世界だった？

（ウパシ）コロンブスのアメリカ大陸「発見」前のことでしょ！　人がいなかったのか！

（ノンノ）いや、アステカ文明とか、インカ帝国というのを聞いたことがあるよ。

（じい）しかし、いずれにしても、「発見」という言葉はアウトだ。コロンブスが来る前に、ノンノが言うように国はあったし、国がない地域にも先住民族はいたのだから。

（ノンノ）そうなのか！　この広大な地域に先住者がいて、この後にヨーロッパ人が侵攻するということになるのですね。ああ、トランプ前大統領が移民は出て行けとか言っていて、それを支持した人もたくさんいたけれど、そもそもトランプ前大統領にしても移民の子孫だ。アメリカ大陸は先住者をないがしろにした移民ばかりの国だ。だけど、それがアイヌ民族と何か関係があるのでしょうか？　アッ！

（ウパシ）　１４００年ころは北海道でも、サハリンでも、千島列島でも、国の形なんかなく、アイヌ民族の大地だった。ということは、アメリカやオーストラリアやシベリアと同じではないか。

（ノンノ）　ウーン、大雑把に見たら、アイヌの歴史も、アメリカやオーストラリアの先住民族と同じように、侵攻する国家に大地を奪われたということか。確かによく似た現象だね。

（じい）　先住権ということは、これらの先住民族の権利と言うのだね。こまごましたことは後で知ればいいし、解釈が変わったり、新しい史実がわかったり、勘違いして知っていたりということもある。いいかい、ヨーロッパが大航海時代以降、世界に覇を唱えてから、強国が世界の先住民族の大地を奪っていった、その復権を先住権ということを、まず大きく理解しておくことが大切だ。

（ウパシ）　大まかなことはわかったよ。しかし、せっかく来てるんだ。もう少し、詳しく教えてよ。先住権って、具体的にどういうこと？

（じい）こういう教科書以外のことを聞く子どもは、今の学校教育では、余されるのだろうな。国の押し付ける狭い狭い「学力」と関係ないし……。

それにだ、本当のことを学び知ることは、それを隠ぺいしようとする巨大権力を批判することにもなるんだ。単なるもの知りになることではない。

（ウパシ）何だかよくわからないが、早く聞かせて！

（じい）2007年に、「先住民族の権利に関する国連宣言」というものを、日本も含めて批准した。そこに、先住民族の権利が記載されている。

（ノンノ）侵攻国家が先住民族の大地を奪ったのでしょ。それじゃ、その大地を返せという権利があるのではないでしょうか。

（じい）そうそう、それ、土地・資源・領域の権利と言っている。

（ノンノ）そうは言っても、先住民族に対し、侵攻国家のほうがはるかに権力を持っているでしょ。しかも、先住民族は少数者のことが多い。多数者が選出される国会議員に選ばれることも難しそう。

（じい）そこで、自分たちの民族の進路は自分たちで決める（民族自決）という権利が必要になる。さらには侵攻国家に奪われた文化・言語・生業の復権ということも必要になる。そういったことを国連という場で考え、確立していったのじゃ。ただなあ、日本の若者たち、自分たちが歴史の中のどういう位置にいるかを学び、世の中を変えていこうという気概のある人、少ないからなあ。
（ウパシ）そんなこと、日本の若者のだれも知らないよ。アイヌの若者は知っているの？
（じい）アイヌの若者も知っている人は極めて少数だね。国策で進められているアイヌ文化の復興は一生懸命だけど、それ以外のことを学ぶ機会もないし、学ぼうとする人はもっと少ない。先住権を訴えるアイヌの人は70歳代以上の人が多いよ。
（ウパシ）オレたち、与えられた環境に生きていくだけ。その環境が合わなかったら、そこから抜け出すけど、世の中を変えていくなんて、あまり考えないよ。
（ノンノ）日本で「アイヌ民族の政策」について話し合われたことはあるの？
（じい）あるよ。１９９５年に『アイヌ政策のあり方に関する有識者懇談会』というのが作られた。
（ウパシ）それ、どういうメンバー？
（じい）元・最高裁判事の伊藤正巳氏を座長にし、有名な作家・司馬遼太郎氏、北海道知事の横路孝弘氏、北大の憲法学者・中村睦男氏などがいたよ。このうち、中村睦男さんは後にも出てくるから覚えておいて！
（ウパシ）そうそうたるメンバーですね。あれ？　肝心のアイヌ民族がいないぞ。

（ノンノ）民族自決とほど遠いな。
（ウパシ）だけど、それは「先住民族の権利に関する国連宣言」（２００７年）よりもずっと前だものね。
（じい）それでも、１９９２年に、野村義一さん（北海道ウタリ協会理事長）が国際先住民年の開幕式で、国連本部で演説してるんだ。アイヌ民族を入れないなど、日本政府の当時者無視は、はなはだしい限りだ。
（ノンノ）それで、国連の先住民族宣言のあと、日本のアイヌ政策はどうなったの？
（じい）日本の政府（自公政権）はこの国連宣言を批准しながら、「アイヌ民族は先住民族かどうかわからない」と、しばらく言っていた。そうすると、民主党（当時）の鳩山由紀夫氏はその矛盾を突き、政府を追及したんだ。こうして、２００８年、「アイヌ民族を先住民族とすることを求める」国会決議が全会一致で採択された。
（ウパシ）これで、民族自決となるか！
（じい）この決議を踏まえて、新たに『アイヌ政策のあり方に関する有識者懇談会』が２００８年に作られた。
（ウパシ）当然、今度はアイヌ民族はいますよね。
（じい）ああ、いるよ。８人中たった１人だけどね。北海道アイヌ協会の理事長だけど、このとき、北海道アイヌ協会は実質、先住権を捨ててしまっていた。

（ウパシ）　そんな……。

（じい）　２００９年には『アイヌ政策推進会議』が作られ、どう政策を進めるか、話し合いがもたれてきた。そこには14人中、５人のアイヌ民族がいる。

（ノンノ）　２００８年の『アイヌ政策のあり方に関する有識者懇談会』（以下、『有識者懇』）と、２００９年の『アイヌ政策推進会議』、非常に時期が近いですが、どちらにも所属している委員って、いるのですか。

（じい）　いるよ。北海道アイヌ協会の理事長の加藤忠氏、北大の憲法学者・常本照樹氏、歴史学者の佐々木利和氏。

（ウパシ）　北海道アイヌ協会は、アイヌ民族を代表する組織なのですか。

（じい）　現在、アイヌ民族を名乗る人が２万人くらいとしたら、北海道アイヌ協会の会員は２千人くらいだ。だから、本来は、ほかにも、アイヌ民族の声を主張するアイヌ民族が入らなければならない。樺太（サハリン）を出自とするアイヌの声など、今までほとんど聞かれたことさえない。

（ウパシ）　特に、先住権の考え方を持っている人が入るべきだね。ついでに言うと、和人の「有識者」も先住権の考え方を持っているのを前提にしてほしいな。

そうじゃなかったら、「有識者」ではなくて、「無識者」になってしまうものね。

（ノンノ）実際はどうですか？　常本氏と佐々木氏は、アイヌ政策に大きな影響力を持っていると言っていいですよね。

（じい）『有識者懇』報告には、アイヌの歴史の概要が示されている。アイヌ学の専門家は常本氏と佐々木氏だから、彼らが主張したことが多く盛り込まれているのだろうと推測される。この報告を見ていくことで、アイヌ政策はどういう歴史認識のもとで、推進あるいは制限をかけようとするか、見ることができる。

（ノンノ）それじゃ、まず『有識者懇』報告の示した歴史認識とその解説を説明してほしいな。私、『有識者懇』報告に書かれたアイヌの歴史を見て、思ったことを質問します。

（じい）そして、「君たちはどう思い、どう生きるか」だ。これは北海道民だけじゃない、日本中のみんなが考えなくてはならない。明日から、7日間、いっぱい考え、おしゃべりしよう！

（ウパシ）お願いしまーす！

第1日目　アイヌ文化までの道のり

第1章　旧・新石器時代

1　旧石器時代

（ウパシ）ピンポーン！　じいさん！　アイヌ史のお話を聞きにきたよ。『有識者懇』報告の問題も含めて、おしゃべりしてよ。

（じい）おー、まず、家に入っていいぞ！

『有識者懇』報告の歴史は、論点をそらし、史実を隠蔽し、いかにアイヌ民族に先住権を獲得させないかに、エネルギーを使って執筆した、稀代の「迷報告」の歴史認識だ！　それをじっくり読みとくぞ！

今日はアイヌ文化が成立する前の話をしよう。

（ウパシ）お上のつくった報告書にひっどいこと言うねえ。それじゃいきなりだけど、北海道に人間が住み始めたのはいつからですか。

（ノンノ）『有識者懇』報告では、2万数千年前の旧石器時代に、北海道に人類が住み始めたと言います。そして、北海道を含む日本列島は、大陸と陸続きだったとも言います。

（じい）その説明、まちがってはいないけれど、とても誘導的なにおいを感じるな。

（ウパシ）どういうこと？

（じい）2万数千年前って、地球は氷期で、日本列島なんてなかった。今の日本列島のあった場所は、アジア大陸と陸続きだった。というよりも、サハリンも含めて、北海道・四国・九州はアジア大陸の一部だった。だから、アジア大陸から、人間が歩いて渡ってこれたのだ。それを「北海道を含む日本列島は陸続きだった」と書けば、昔から北海道は日本の一部だったと印象させられるね。それどころか、間宮海峡や宗谷海峡は陸続きだっただろうが、津軽海峡は微妙だね。海が相当深くて、かなりの期間、離れていた可能性もある。北海道以北と、本州以南は動植物がけっこう違うからね。

（ウパシ）ウーン。北海道はサハリンとともにアジア大陸の一部、そして本州以南と離れていたかもしれないか。そうなると、無理に「日本列島」などとは言わないでほしいな。

（じい）日本の考古学では、旧石器時代を、3万年前を境にして、前期と後期に分けている。そして、後期旧石器時代の細石刃《さいせきじん》は北東アジアから伝わったものだった。

（ノンノ）『有識者懇』報告では、北東アジアからの伝来など、敢えて触れていない。最初から「日本の中の文化」だったかのような書き方をしているね。

2 「縄文」文化

(ウパシ) 縄文時代なら知っているよ。狩猟・採集社会で、土器、たて穴住居、弓矢、丸木舟という道具を持っていた時代ですね。

(じい) 1万数千年前から、2300年前の、日本列島の文化を言います。最近の縄文土器、どんどん古いものが出土し、青森県大平山元Ⅰ遺跡からは1万6500年前の土器が見つかった。

また、九州・四国・本州の弥生時代の始まりも、北部九州では紀元前10世紀後半から紀元前9世紀中ころに稲作農耕が始まったのではないかと言われてきた。ただし、稲作農耕が本州北部に到達するまでには時間があり、青森県に至ったのは、紀元前200~紀元前300年ころだろうと見られている。

(ウパシ) 時代がスパッと切れるのではなく、傾斜があると言うことですね。

(じい) そもそも「縄文文化」という言い方が問題なのだ。日本でしか通用しない時代用語で、世界基準から言うと、新石器文化と言うべきだろうね。

（ノンノ）縄文文化こそは、日本固有の文化だったということ？

（じい）そう見るのが、すでに国粋主義歴史認識にはまっている。九州や四国の「縄文文化」と、北海道・東北地方の「縄文文化」は大きく異なる。それを同じ「縄文文化」でくくるのがそもそも正しいとは思えない。

（ノンノ）それでは「北海道・東北地方の新石器文化」というイメージで見なければいけませんね。ただ、時代区分は「縄文」草創期〜晩期の言い方でつくられているから、ここでも便宜上、その言い方をして聞くからね。

（ウパシ）それで、「北海道・東北地方の新石器文化」は、どういう歴史だったのですか？

（じい）それは東日本の影響と、北東アジアの影響を受けながら、文化を形成していった。「縄文早期」と言われる６０００〜８０００年前。北東アジアから、石刃鏃《せきじんぞく》という、矢の先にはめこむ鏃《やじり》の技が伝わってきた。その分布は、アムール川、沿海州、中国東北地方、モンゴル、サハリン、そして北海道東部・北部まで伝わった。

（ノンノ）そんなこと、『有識者懇』報告には載っていないよ。

（ウパシ）『有識者懇』報告は、アイヌ民族の先祖は日本列島内の民であるように見せ、北東アジアからのつながりがあっても、意図的に無視しているということですね。

（じい）「縄文」前期と呼ばれる５０００〜６０００年前、東釧路貝塚では、イルカやトドをベンガラで着色しており、これはのちのアイヌの霊送り（イヨマンテ）を連想させる。
（ノンノ）動物の毛皮や肉を利用したら、その霊に感謝し、カムイの世界に送るというものですね。
（じい）4000〜5000年前のいわゆる「縄文中期」には、青森県の三内丸山遺跡が有名だが、円筒（土器）文化が広がった。青森県・秋田県・岩手県・北海道西部にまで広がり、円筒（土器）文化の影響を受けた北筒（土器）文化は北海道東部・南千島にまで広がった。
（ノンノ）これ、後のアイヌ文化の広がりに近いようですね。
（じい）アイヌ文化の広がりというよりも、（サハリン・北千島を除く）アイヌ語地名圏の広がりに近いね。
（ウパシ）それじゃ、「アイヌ文化の素」と言えるのですか。
（じい）そう思われるな。
（ノンノ）だけど、アイヌ語地名に示すアイヌ語って、いつから話されてきたか、わかりようがないからなあ。
（じい）3000〜4000年前のいわゆる「縄文後期」には、巨大記念物が造られる。ストーン・サークルは、本州の中央高地に出現し、東北地方に伝わり、北海道にも広がった。道央を中心に見られる土を盛り上げて造る周堤墓は「縄文」最大規模の土木工事だ。

（ウパシ）誰か指令する人、計画を立てる人、土木作業をする多数の人がいたということか。

（じい）恵庭のカリンバ遺跡では、墓の出土物から、身分の違いがわかる。

（ノンノ）「縄文時代」と言ったら、「平等」というイメージがあったけれど、修正が必要ということなんですね。

（じい）2000〜3000年前のいわゆる「縄文晩期」には、遮光器土偶で有名な青森県亀ヶ岡遺跡が見られるが、北海道西部もその文化圏の一部だった。

（ウパシ）遮光器土偶って、宇宙人みたいな感じの土偶ですね。

（じい）宇宙人は見たことないけれど（笑）、土偶作りの精巧さには目を見張るね。

（ノンノ）アイヌ文化も狩猟採集文化、北海道・東北地方の新石器文化も狩猟採集文化、同じようなものと思っていましたが、ずいぶん違いますね。

（ウパシ）それから、「1万数千前に縄文文化が始まった」と言ったけれど、その間の変化も大きいですね。1万年間、同じような文化だと思っていたが、このイメージも変えなくちゃ。

（じい）北海道・東北地方の狩猟採集文化が、1万年以上の時間をかけて、東日本地域の文化と、北東アジアの文化の影響を受けながら、そのつど、独自の文化を形成し、その最後の狩猟採集文化がアイヌ文化だと言えるのだろうなあ。

（ノンノ）それじゃ、北海道・（北）東北の縄文文化って世界遺産になったけど、アイヌ文化につながる可能性があるんですね。だけど、だれもそんなこと言わないなあ。

（じい）どうしてだれも言わないのか、7日目まで学んで、考えてみてほしい！

（ノンノ）「北海道・（北）東北の新石器文化」を日本の国家的遺跡として売り込むときに、「それはアイヌの祖先の文化かもしれない」というのは、何か不都合があるのかな？

（ウパシ）これじゃ北は北海道、南は九州・沖縄まで縄文文化が均一にあって、そのうちの北の縄文文化が世界遺産になった！「日本人の遠い祖先の文化ってすばらしい」という想いに誘導され、「アイヌの祖先」という認識には全くなりません。一方、3000年ほど前に、北部九州に稲作農耕の技術が入ってきたのですね。

（じい）西日本を中心に人口が激減し、新石器文化が衰退している。そこに稲作農耕と金属器使用の弥生文化が入ってくる。

第2章　原アイヌ文化

1　「続縄文」文化

（じい）九州・四国・本州に弥生文化が広がった稲作農耕は、富の偏りを起こし、富をめぐる戦争、階層をつくりだし、クニをつくるに至った。さらに小国家分立から地域ごとのクニへ統合されていった。そして、4世紀にはヤマト王権に集約されて行く。その勢力は5世紀後半の倭王武（ワカタケル大王。いわゆる雄略天皇）のころには、九州中部〜関東に至ったものと思われる。

（ノンノ）しかし、ここには北海道・東北地方は入っていない。

（じい）北海道は新石器文化が続いていた。和人からわずかな金属製品を流入していたが、稲作農耕を受け入れず、狩猟採集の生活を続けた。

東北地方は青森県まで一時的に稲作農耕を受け入れたが、寒冷化が進むと、稲作農耕ラインは南下していった。

（ノンノ）その中で、『有識者懇』報告で、意図的（？）に事実を隠蔽していることはありませんか。

（じい）　旧石器時代も、新石器（縄文）時代も、『有識者懇』報告では、アジア大陸からの影響の事実を隠蔽し、あたかもずっと歴史的に日本の一部だったかのように記載してきたよね。それはこの時代の記述にも言える。

（ウパシ）　余市町フゴッペ洞窟や小樽市手宮洞窟の印刻は（確定してはいないが）北東アジアの印刻遺跡との関連も言われている。しかし、そういうことは全く触れられない。

（じい）　北海道や東北地方北部は、ヤマト王権の影響下にあったのですか？

（ノンノ）　北海道の土器文化は道南・道央・道東・道北の4地域に分かれていたが、道央の江別文化圏が拡大し、他の文化圏を統合し、やがて東北地方北部まで及んだ。

（じい）　それって、後のアイヌ文化圏に連なる範囲ですね。

（ウパシ）　連なるだろうね。

（じい）　それでは日本の一部どころか、独自の文化圏がつくられたと言ってよいということになります。

（ウパシ）　それればかりではない。和人から金属器が入ってくることで、狩猟採集の生活を続けながら、新石器文化が少しずつ崩れていくことになる。

（じい）　ちょっと待って！　和人って何ですか？

（ウパシ）　日本人のことだ。

（ウパシ）じいさん！　それじゃ、現代のアイヌ民族は日本人（日本国民）ではないのかという議論が起こるよ。

（ノンノ）そこで苦渋の言葉として、和人と言う語を生み出し、「和人＝アイヌ民族を除く日本人」という苦渋の定義を付けざるを得ないのか。

（ウパシ）もともとの日本人がアイヌ民族の大地を奪い、日本の国に入れてしまった。だから、日本の国に入れた以降は、元の日本人だけでなく、アイヌ民族も、さらにはやはり日本に入れられた沖縄の人たちも、日本人（日本国民）にされた。それじゃ、元々の日本の領域にいた人はどう言えばいいかとなって、ひとまず、和人という語で呼ぶことにしたのですね。

（ノンノ）アイヌの大地や、琉球王国を侵略した側の日本が、それらも含めて日本という国名にしたため、自らの自称に困るという事態が起きているのね。

（じい）沖縄の人はヤマトンチュー、アイヌの人たちはシサムと呼ぶけれど、それは沖縄、あるいはアイヌ側から見た言い方。「和人」という言葉は、アイヌ民族を日本の民として「土人」と呼ぶようになったころに出現した語で、少し複雑な気持ちもある。だから、どれもスキッとした言い方がないが、ここでは和人で収めておく。

2 擦文《さつもん》文化とその周辺

（じい）6世紀後半から7世紀初頭にかけて、北海道では縄文を付けない土器がつくられた。これを擦文土器と呼び、この土器が使われた13世紀までを擦文時代と言っている。擦文文化の担い手は、北海道アイヌの祖先と見てよい。

（ウパシ）日本史で言えば、6世紀後半から7世紀初頭と言えば、聖徳太子や、推古天皇、蘇我馬子らが活躍した時代、飛鳥時代ですね。そこから、ほぼ平安時代いっぱいが擦文文化に並行するのですね。

（ノンノ）8世紀の日本の記録、つまり、『日本書紀』に始まる六つの歴史書『六国史《りっこくし》』には、蝦夷《エミシ》という北方の民との戦いが記されている。

（じい）『有識者懇』報告を読むと、エミシについて、「アイヌが含まれていたかどうかについてはなお議論がある」とする一方、『日本書紀』などには、アイヌ語で解釈できる人名や東北地方の地名が記されているとします。

（ウパシ）それじゃ、いったいどっちなのですか？　はっきりしてよ！

（じい）『日本書紀』などには、トキサラなどのアイヌ語地名があり、イカシマなどのアイヌ語で解釈できる人名もある。エミシの中に、アイヌ語圏の人物がいたと見てよいということだ。「アイヌが含まれているかどうか」と言うよりも、アイヌ語を母語にする人がいたのだろう。

（ノンノ）ということは、エミシはアイヌの祖先だったのですか？

（じい）いや、そうとは限らない。エミシはヤマト王権に従わない「東の民」の意味だから、そこには（日本語を母語とする）和人もいたのだろう。しかし、ヤマト王権の勢力が東北地方北部と接することで、アイヌ語圏に達したと言える。だから、エミシの中に、アイヌ語を母語とする人々もいたと言うべきだろうなあ。

（ノンノ）エミシの中に、擦文文化人はいたのですか？

（じい）658～660年に阿倍比羅夫《あべのひらふ》の遠征という事件が起きている。比羅夫は、アキタ、ツガル、さらには渡島《わたりしま》まで遠征している。渡島はおそらく北海道を指すのだろうから、渡島のエミシとは、擦文文化人、つまり北海道アイヌの祖先と言えるだろう。

（ノンノ）そこまでわかっていながら、どうして、そこに「アイヌが含まれていたかどうかわからない」などという言い方をするのだろうか。

（じい）『有識者懇』のメンバーの一人、佐々木利和氏はアイヌ学の専門家で、若いころはずいぶんいい仕事をした。アイヌ語地名研究の第一人者・山田秀三による、本州のアイヌ語地名の存在も知ってはずだ。だから、エミシの中に、アイヌ語圏の人たちがいたことはよく知っていたはずだ。それなのに、この文章表現。ただ、アイヌの祖先であって、アイヌ文化を担い手とするアイヌではないからね。

（ウパシ）わかった！　日本語とアイヌ語って、どのくらい違うのですか。日本語地名とアイヌ語地名が近くて、そういう微妙な言い方をしたのではないですか。

（じい）両言語はかなり違うね。よく、縄文語があって、そこからアイヌ語と日本語が分かれたようなことを言う人がいるけれど、両者の基本単語で一致するものはけっこうあるが、文法は大きく違う。日本語と琉球語が兄弟語であることは知られているし、日本語と朝鮮語は文法的には近い。それらより、よほど離れている。新石器（「縄文」）時代に、どういう人間の流れでアイヌ語が形成されたのか、日本語が形成されたのか、まだわからないというのが正直なところだ。

3　エミシと日本の境界

（ウパシ）エミシは何度か、日本の侵攻にすさまじい抵抗をしますね。

（じい）ウパシさんはどういう抵抗を知っている？

（ウパシ）アテルイの戦いです。

（じい）8世紀後半から9世紀初頭にかけて、今の宮城県や岩手県あたりまで、日本の政府軍が侵攻し、エミシは激しく抵抗した。日本の天皇の中で、最も侵攻を積極的に進めたのは、桓武《かんむ》天皇だね。

（ウパシ）「泣くよ（794年）ウグイス平安京」の桓武天皇だね。

（じい）そこで、日本の侵攻はいつ終わるのですか。

9世紀初頭で、大規模な侵攻はなくなったが、今度はエミシ側が小規模な戦闘を繰り返す。日本のなりふり構わぬ侵攻に対する反動と言えようか。そして、878年にアキタ「俘囚《ふしゅう》」の独立戦争が起こる。

（ウパシ）「俘囚」って、何ですか？

（じい）もともとは日本に従属したエミシを指したが、後に日本に従属してもしなくても、北方のエミシ勢力ならば、「俘囚」という言い方をするようになる。

（ノンノ）そんな戦い、『有識者懇』報告にはありません。北方の民の独立戦争となると、アイヌ史の概要を示すとき、無視できないほどの事件ですね。

（じい）「俘囚」がアイヌ語を母語とする人々かどうか、確証を持てないからね。ただ、『有識者懇』報告は、この後にも、随時触れるが、樺太アイヌ、千島アイヌ、それから確実に18世紀までは生活していた津軽・下北のアイヌに対しても、全く無視だからね。

（ウパシ）それで、アキタエミシはどういう要求をしたのですか？

（じい）「俘囚」側が「アキタ川より北を自分たちの領域として認めよ」という要求を出した。日本の北方域で境界について、武力紛争になったのだ。

（ノンノ）それで、この「俘囚」はアイヌかどうか、全然手がかりがないのですか？

（じい）両者の交渉に「蝦夷語」を使える人物が登場している。これはアイヌ語の可能性がある。

（ウパシ）しかし、その蝦夷語、日本語の方言の可能性もあるのでは？

（じい）だから、「可能性」という言葉を使ったのだが。ただ、方言程度で通訳を使うかねえ？このあたりはアイヌ語地名が多い地域だが、アキタの戦いの地名は、日本語もアイヌ語もあって……。ウーン、難しいな。

4　オホーツク文化

（ノンノ）エミシ、その中にはアイヌの祖先がいた可能性もありますが、彼らが、日本と勢力を接し、軋轢のあったことがわかりました。

（じい）　5世紀ころ、サハリン南部や北海道北部地方（道北）の宗谷地方に誕生したオホーツク文化は、南下して北海道オホーツク海岸、さらに千島列島中部に拡大した。
（ウパシ）　ちょっと待って！　オホーツク文化って、知らないのだけど。
（ノンノ）　それ、アイヌの祖先の文化？
（じい）　明らかに北海道・東北地方の新石器文化人とは、違う民だね。菊池俊彦氏は、サハリン北部やアムール川下流域に住むニブフ族の祖先ではないかと言っている。
（ウパシ）　オホーツク文化人はどういう生活を送っていたの？
（じい）　海獣狩猟、ブタ飼育、クマの頭骨を祀る等々。
（ノンノ）　生業はアイヌ文化とは違うけれど、クマを祀ることはアイヌ文化にあると思いますが。
（じい）　まず、千島アイヌは海獣狩猟をしていたようだ。また、クマを祀る信仰は、アイヌ文化の素である、擦文文化には見られないようなので、オホーツク文化からアイヌ文化に伝わった可能性もある。
（ウパシ）　オホーツク文化人と、アイヌの人たちは関係なかったのですか？
（じい）　最近のDNA研究によると、アイヌの祖先は北日本の新石器文化人（縄文人）と考えてよいが、オホーツク文化人の遺伝子も加わって、アイヌの人たちは形成されたらしい。

（ウパシ）DNA鑑定の威力は絶大ですね。

（じい）ところが、この研究は単純にはいかない。アイヌ遺骨のDNA鑑定の問題は、第5日目の日にじっくりする。これは大変な問題だからね！研究のためには何でも許されるのかという問題につながる。

それから、遺伝子とか血をもって、民族を厳密に規定するのは危険だ。先祖を考察する一つの指標くらいにしておかないとね。

（ノンノ）オホーツク文化人のその後の歴史はどうなるのですか？

（じい）北海道東部（道東）では、オホーツク文化と擦文文化が融合し、トビニタイ文化が成立し、やがて擦文文化になっていく。9世紀には、北海道のオホーツク文化が消滅した。

（ノンノ）そのあたりは『有識者懇』報告にも書いています。

（じい）しかし、オホーツク文化はサハリンではまだ続く。12世紀ころまで健在だったが、『有識者懇』報告だけを見ると、「9世紀ころに終末を迎える」とだけあって、誤解が生じるね。

（ノンノ）アイヌの歴史を考えるとき、南方の日本だけではなく、北の民からの影響にも気を付けなければなりませんね。

（ウパシ）ところで、オホーツク文化人はアイヌの先住民族なのですか？

（じい）先住民族とは、スペイン・ポルトガルが世界に侵出した大航海時代以降、特に近代国家に侵攻された地域の民族に言う。先に住んでいたから何もかも、先住民族とはならない。まして、オホーツク文化人は、今はもういない。

（ノンノ）ずっと大昔まで先にいた人たちに先住民族の権利があるというならば、紀元前8世紀にアッシリアに滅ぼされ、紀元前6世紀に新バビロニアに滅ぼされたユダヤ人の国を、取り戻せという、イスラエルの論理になってしまう。

5　樺太アイヌと千島アイヌの登場

（ノンノ）『有識者懇』報告の第1節は、13〜14世紀で終わっています。

（ウパシ）『有識者懇』報告の歴史記述で、意識的にはずされている、重要な史実はありませんか。

（じい）ある！　樺太アイヌと千島アイヌの登場、それと樺太アイヌと元王朝の戦いだ。

（ノンノ）アイヌ民族の領域が大きく増えた。それから、世界帝国の元王朝との戦い、これはどちらも大きな事件ですね。なぜ、これが書かれないのですか！

（ウパシ）どういう事件か、教えてください。

（じい）澤井玄氏によると、7〜9世紀のたて穴住居跡は、北海道中央部（道央）に多く分布している。

（ノンノ）ということは、そのころのアイヌの祖先（擦文人）は、道央に多く住んでいたということになります。

（じい）ところが、たて穴住居の分布に変化が訪れる。11世紀前半〜12世紀前半にかけて、道北地方にたて穴住居が増える。サハリンのオホーツク文化が消滅するのは12世紀ころなので、道北のアイヌが中心になって、サハリンに侵出したのかもしれない。

（ノンノ）樺太アイヌの登場ですね。

（じい）道東にたて穴住居が目立ち始めるのは、11世紀前半〜13世紀前半にかけてのこと。さらに、澤井氏は南千島出土の土器は、11世紀後半〜13世紀前半の擦文土器やトビニタイ土器で、中千島・北千島には見えないという。つまり、千島アイヌは13世紀以降に侵出したのだろう。

（ウパシ）アイヌの歴史の中で、樺太アイヌや南千島のアイヌの出現は大きな事件なのに、どうして『有識者懇』報告にないの。それから、どうして急にこんなにアイヌの居住圏が拡大したの。

（じい）何せ、サハリンも、千島も、現在、ロシアの領域になっているからね。「有識者」たちは、国際問題まで、手を広げたくはないのだろうかね。

それから、後ろの質問だが。アイヌは和人との交易で鉄器を日常的に得ることができるようになった。アイヌ側からは毛皮や鷲羽を輸出し、和人からは鉄器を手に入れるようになったらしい。その結果、アイヌの道具から石器が消え、やがて鍋の伝来もあって、土器も消えていった。交易の拡大で、北方の諸民族の中で、アイヌが圧倒的なパワーが増すようになったようだ。それが領域の拡大につながったと解釈できそうだ。

6　元王朝VS樺太アイヌ

（ノンノ）こうして、樺太アイヌと、元王朝が接し、戦いになっていくのですね。

（ウパシ）それにしても、いつもながら、『有識者懇』報告には、意識的に大陸との関係を消し去っている。小学校の歴史教科書に、元軍の襲来を防いだことを誇らしげに大々的に書いているのに、この落差！　この戦い、すぐに終わったの？

（じい）　そんなことはない。樺太アイヌと、元王朝は、約40年も断続的に戦争を続けた。1264年に元王朝（実はまだ元を名乗ってはいない）は、サハリンのギレミ（ニブフ族）と、クイ（樺太アイヌ）との対立に、ギレミ側に付いて、介入を始める。それに対して、クイが猛反撃する。

（じい）　ちょうど、日本への元軍侵攻に、時期が近いね。

（ウパシ）　モンゴル・高麗・南宋が博多湾に攻撃をかけた戦いよりは、ずっと規模は小さいよ。しかし、日本が防衛一本槍だったのに対し、クイはアムール川下流域まで、逆攻勢をかけている。元王朝はそんな北方の勢力争いに手を焼いている感じだね。

（じい）　それにしても、『有識者懇』報告の歴史記述、こういう大事件を一言も書かないなんて。アイヌ民族は北海道だけの民でなかったのに、あった歴史を抹消することは納得できません。

（ノンノ）　だいたい、樺太アイヌの復権はどうなるのですか？

（じい）　アイヌは日本の中の一つの民族ではなかった。日本とは別に北東アジアの中で自立して生きてきた民族なのだよ。そこがわかってもらえたらいい！
ウーン、わしは疲れた。今日はここまで！　また、明日、来たまえ！

第2日目　アイヌ文化期

第3章　アイヌ文化前期

1　アイヌ文化の成立

（ウパシ）ピンポーン！　じいさん、アイヌ史のお話を聞きに来ました。
（ノンノ）今日も、『有識者懇』報告を見ながらの解説、お願いします。
（じい）今日はアイヌ文化期の話だ。

アイヌの人たちの居住地が、北海道・サハリン南部・千島列島に広がり、交易を盛んに行った時代を、アイヌ文化期と言っている。
（ウパシ）この時代、本州・四国・九州は日本の領域ですね。
北海道・サハリン南部・千島列島の、アイヌ居住圏全体を指す言葉ってないのですか？
（じい）ない。だから、歴史用語として、つくるしかない。
（ノンノ）どういう言葉？
（じい）アイヌモシㇼと、ヤウンモシㇼという言葉が使われることが多いようだ。
（ノンノ）じいさんはどちらを使うのですか？

（じい）　アイヌモシㇼ（人間の世界）には、神々の世界（カムイモシㇼ）と対比した精神文化から見た言い方があるが、一方で、アイヌ民族の住む大地として北海道を指す場合もあった。16世紀のイグナシオ・モレイラがすでにそういう使い方をしているし、『珍袖・北海道土人案内』（１９１０年）や、磯部精一『和愛・愛和・アイヌ語辞典』（１９３６年）も、そういう使い方をしている。

最近は、ヤウンモシㇼを使う人が増えているが、こちらは歴史的には使われたことが全くない。ただ、英雄のユカㇻ（少年英雄を主人公にした叙事詩）で、沖の大地（レプン・モシㇼ）と戦う少年英雄の大地として、あくまで物語の中で使われている。私は現実の歴史の中で、アイヌの大地を指していたことが確実なアイヌモシㇼを使う。このときに、北海道だけではなく、サハリン南部・千島列島の、アイヌ語を母語とする人たちが住む地域を指す語と定義しておく。

（ウパシ）　わかりました。それで、アイヌ文化期とは、どういう時代なの？

（じい）　13世紀ころまでに、北海道アイヌはたて穴住居をやめ、チセに住むようになり、石器や土器の使用をやめ、和人との交易で鉄器を手に入れるようになった。この13・４世紀ころから、19世紀半ばにアイヌモシㇼが日本とロシアに分割・奪われるまでを、アイヌ文化期と呼ぶことにする。

（ウパシ）ずいぶん、長い時代ですね。この13・4世紀〜19世紀半ばって、日本史で言えば、武士の時代ですよね。それで、日本史ならば、政治の中心地に合わせて、鎌倉・室町・（戦国）・安土桃山・江戸時代って、時代区分があるじゃありませんか。

（ノンノ）中国でも、元代・明代・清代となるし、日本史で中世・近世という言い方をする人もいる。その間、アイヌ史だけがアイヌ文化期なのですか？

（じい）確かに長すぎだ。そこで、アイヌが自由に周辺地域に交易を行った時代をアイヌ文化前期、日本・中国・ロシアなど周辺国家に交易を縛られた時代をアイヌ文化後期と呼んでおこう。

（ウパシ）わかりました！

（じい）それで確認しておくことがある。それはアイヌモシㇼが、他のいかなる国や民族からも独立していて、まして日本の一部ではなかったということだ。

（ノンノ）それでは、アイヌモシㇼと日本との境界「線」があったということですね。

（じい）だいたいね。中国の史書『宋史』によれば、「国の東境は海島に接し、夷人の居る所なり」とある。また、日本の『諏訪大明神絵詞《えことば》』（1356年）によれば、「わが国の東北の大海にある蝦夷ケ千島」という地理認識を示している。「夷島」や「蝦夷ヶ千島」は北海道のことだろうねえ。

（ウパシ）ここには、日本とアイヌモシㇼの境界地域がほぼ津軽海峡にあることが示されています。そういう認識を『有識者懇』報告に書いていますか。

（じい）書いていないね。敢えて、アイヌモシㇼが日本とは別の領域だったことを避けているのかもしれない。ただ、この境界は今の国境と違って、「この線を越えたら、別の領土」という厳密なものではない。どちらにもまたがるグレーゾーンがあったと見られる。

2　アイヌモシㇼの三つの窓

（じい）北海道のことを初めて詳しく書いた書は、『諏訪大明神絵詞《すわだいみょうじんえことば》』で、そこには渡党《わたりとう》・唐子《からこ》・日ノ本《ひのもと》という三種の人々がいたと言う。どの人々も、津軽外ケ浜に交易に来ると言う。

（ノンノ）渡党は道南のアイヌ、唐子は道北のアイヌ、日ノ本は道東のアイヌと見てよいのですか？

（じい）あまり、結論を急ぐんじゃない！　渡党には宇曽利鶴子《うそりけし》と万堂宇満伊犬《まとうまいぬ》が紹介され、前者はウソリケシ（函館のアイヌ語地名）、後者は松前アイヌと読むとされている。また、渡党の風習の中には、アイヌ文化と重なるものがある。

（ノンノ）いよいよもって、渡党は道南のアイヌですね。

（じい）ところが、渡党には日本語が通用するとも書かれている。これは渡党が和人だったか、あるいは日本語を理解するアイヌだったかということだろう。要は、渡党の中には、アイヌも和人もいて、単に道南地方から東北地方北部に交易に来た人々を指していたくらいの意味だったようだ。

（ノンノ）現在の国境とは違う、グレーゾーンがあったとは、こういうことか。

（じい）この渡党は17世紀に書かれた『新羅之記録《しんらのきろく》』によれば、15世紀にはヨイチ（余市）・ムカワ（鵡川）のラインまで住み、東北地方の戦いに敗れて移住した和人の子孫だと言う。

（ノンノ）『有識者懇』報告では、唐子・日ノ本には「何度通訳を重ねても言葉が通じない」とあり、この人たちこそがアイヌだとしている。

（じい）無理に現代の民族概念にあてはめられないだろう。名前の意味から言って、唐子は中国製品を持って来る交易人、日ノ本は東方のモノを持って来る交易人だろうね。

（ウパシ）エーッ、中国製品ですか？

（じい）『諏訪大明神絵詞』の数十年前、樺太アイヌは元王朝と戦い、数十年後の15世紀初頭には明王朝の勢力がアムール川下流域に達し、樺太アイヌを含む、この地域の諸民族が「朝貢」した。明王朝と交易するようになってから、後に蝦夷錦《えぞにしき》と呼ぶ絹服が持たされるようになる。16世紀末には絹服、18世紀には青玉（ガラス玉）の記録が登場する。

（ノンノ）『有識者懇』報告では、蝦夷錦やガラス玉は、擦文文化のところで説明しているが、この時代はまだ存在していないということですね。

（じい）史料には見えないね。この14世紀以来、16世紀いっぱい、アイヌはサハリン・沿海州など北に、千島列島・カムチャツカ半島など東に、松前や本州東北地方など南に、自ら出向き、広大な交易を自由に行っていたことを知ってほしい。

3　コシャマインの戦い

（ウパシ）時代が15世紀になりました。この時期のアイヌ史は、中学校の歴史教科書にも出ていますが、コシャマインの戦い（１４５７年）が起きますね。

（じい）前年、函館のシノリで、アイヌの少年（オッカイ）が和人の鍛冶の村で、マキリ（小

（ノンノ）刀）の善悪や価格でもめ、刺殺されたのが、直接原因だと言う。

『有識者懇』報告では、渡島《おしま》半島の沿岸には、和人の拠点（館）が12か所築かれたことを記す。「この館主《たてぬし》たちは、アイヌの人々と交易を行い、当初は拮抗《きっこう》を保っていた」とする。そして、十二館を攻撃し、コシャマインの戦いと、それ以後の断続的な戦いと、蠣崎《かきざき》氏とセタナイ（せたな町）・シリウチ《しりうち》（知内町）のアイヌ首長との講和（1550年、あるいは1551年）についても書かれている。このあたりの『有識者懇』報告の説明は、間違いない事実なのでしょ。

（じい）補足する。アイヌと和人の交易を一手に握っていた和人領主に、津軽安藤氏がいた。安藤氏は津軽・十三湊《とさみなと》に拠点を持ち、鎌倉時代以来、続いていたが、15世紀前半に隣接する南部氏の攻勢に会い、苦慮した。そこで、渡島半島の南端に侵出した。これが道南十二館だ。この館は単なる交易所ではない。それならば、18・9世紀の運上屋の規模で十分である。実際の館は戦闘も意識し、かつ領域の支配も意識した城郭で、日本の封建領主の拠点と言える。これはアイヌから見たら、アイヌモシㇼ侵攻の拠点となる。それどころか、前にお話したように、和人はアイヌの人たちと混住し、ヨイチ・ムカワのラインまで居住していたらしい。コシャマインの戦いに始まる約1世紀間の戦いは、こうした侵攻に対する、アイヌの反転攻勢と見られる。単に「交易をめぐる抗争」と見るだけでは、アイヌが先住し、和人が侵攻し、さらにアイヌが失地回復していく歴史を覆い隠すことになる。

（ウパシ）コシャマインの戦いの見方がグッとわかりました。

（ノンノ）と言うことは、ここでも『有識者懇』報告に意識的に記載されていない視点がありますね。

（じい）『有識者懇』報告に抜けていたり、弱い視点を三つほど指摘しておく。

一つは、一連の戦いの結果、ヨイチ・ムカワまであった和人の居住地（アイヌと混住）は大幅に縮小し、松前半島の一隅まで追い込まれたこと。

二つは、そのアイヌの攻勢に対し、蠣崎氏（後の松前氏）は絶えず、和平交渉と称しては、騙し討ちをして、アイヌ首長を殺害し、切り抜けたこと。

三つは、蠣崎氏とセタナイアイヌ・シリウチアイヌとの講和は、アイヌ首長と和人の領主が初めて話し合い、両者が妥協・あるいは納得した講和だということ。よく「歴史的に和人とアイヌの講和条約などない」という人がいるが、これはまさしく講和条約だ。こうして、渡島半島の戦国の争乱は、ひとまず終わった。

（ノンノ）どうして、アイヌの勢力が拡大し、和人を圧倒したのですか。

（じい）　このころから、18世紀にかけて、アイヌはチャシ（砦）をつくり、アイヌ同族内の争乱が続いたらしい。チャシに伝わる伝承を分析すると、道東のアイヌが西に侵攻するパターンが多い。アイヌ全体が東から西に圧力をかけていったのかもしれないな。

（ウパシ）　他に、『有識者懇』報告で、気になることはありませんか。

（じい）　これは、大きく取り上げるほどのことでないが、コシャマインの戦いの原因になった、シノリ（函館市志海苔）のオッカイ殺害事件。この報告では「青年」と訳している。

（ウパシ）　オッカイとは何ですか。

（じい）　『有識者懇』のメンバーで唯一のアイヌ史学者・佐々木利和氏はかつて『アイヌ文化の基礎知識』で「少年」と訳していたのに、なぜか変えてしまった。それどころか、御自身がかつて「少年」と訳していたのを棚に上げて、「アイヌ民族副読本修整事件」（２０１１年　第5章参照）では、副読本改ざんの側に立った上で、「少年」と訳すことを批判するようになってしまった。

だが、オッカイを「青年」と訳す地域はない。オッカイを「青年」と訳す本が広まってきたようにも思うが、それを証拠立てる根拠になる一次史料を見たことがない。誰かが言い出して、印象で広まっていったのだろうかね。『アイヌ語方言辞典』(1964年)を見れば、かろうじて、19世紀のはるか北千島で「若者」とするだけであり、道東の一部では「男」と訳し、他の地域にはこの語は残っていなかった。ところが、17世紀の『松前の言』や『アンジェリスの蝦夷報告』など、古い書物で、道南地方の語を採集したものは皆「少年」の意味なのである。コシャマインの戦いの「オッカイ」は、より古い史料による意味、しかも道南地方の言葉を示した史料を見るべきで、結果「少年」と訳すのが妥当となる。私は、こういう小さなことで目くじらを立てる気はないし、私も残念ながら、そういう程度の間違いはしていると思う。私が残念なのは、(皮肉ではなく)実績のある研究者の佐々木氏が、御自身の説さえ棚に上げて、権力の片棒を担ぐかのように見えることだ。

第4章　アイヌ文化後期

1　家康の黒印状

（ウパシ）アイヌ文化期の前期と後期の違いは何でしたっけ？

（じい）アイヌの交易が、前期では自由に行っていたのに対し、後期は周辺の国家によって制限されるということだったよね。特に北海道アイヌの場合は、日本の統一政権（豊臣政権・江戸幕府）～松前（蠣崎）氏という力関係の中で、アイヌの交易に制限を加えたものだった。

（ノンノ）16世紀末に、日本の本土は豊臣秀吉によって、統一されますね。そして、松前半島の大名・蠣崎氏はそれに従います。

（じい）そのときに、秀吉朱印状というモノが出される。ここでは、蠣崎氏に、（津軽海峡以南から来る）交易者の監督、交易を管理する権限を与えた。これは、そもそもアイヌの自由交易に関心はなく、あくまでも蠣崎氏と和人商人との関係を示すものだった。

（ウパシ）関ヶ原の戦いを経て、１６０３年に徳川家康が征夷大将軍になり、江戸幕府が成

（じい）　立します。家康は蠣崎氏改め松前氏に、黒印状を出した。そこで、北海道を往来する和人は、松前氏に許可なく、アイヌと交易することを禁じた。だが、アイヌはどこに行って交易しようとも自由ということだった。この家康黒印状によって、アイヌの対和人交易のうち、松前氏との取引が大きくなり、ついには松前城下交易が中心になった。

（ノンノ）　『有識者懇』報告では、秀吉朱印状も、家康黒印状も、解説していますよね。

（じい）　だが、その扱い方が問題なのだ。家康黒印状について、松前氏が獲得した権利を記すものの、日本の統一政権がアイヌ民族に対し、「どこに行こうとも自由」と宣言した事実をまったく書いていないのだから。『有識者懇』報告が、先住民族の権利に関する国連宣言の示す歴史認識を、アイヌ民族に適用とするならば、真っ先に日本の国家がアイヌ民族全体に約束したことを銘記すべきなのに、それが示されない。いったい、この報告は何なのか、アイヌ民族の権利を制限するために、国家に忖度したものなのか。

（ウパシ）　そっかあ。家康黒印状は、日本の統一政権がアイヌ民族と交渉なく発したものだが、しかし、日本の国家が初めてアイヌ民族に宣言したものということで重要な

（ノンノ）　のですね。

（ノンノ）　昨日、「有識者懇」報告に、アキタエミシの独立要求に触れていなかったことを知りました。ああ、エミシはアイヌか、和人か、判断が分かれ、歴史学として、はっきりわからないから、触れなかったと、解釈していました。しかし、家康黒印状の、アイヌ民族は日本の国家の外の民であり、どこに交易に行こうが自由だということを無視するのは、納得できません。

2　商場《あきないば》知行制

（ウパシ）　日本本土の大名は家来に給料（知行）として、お米を渡します。

（ノンノ）　それは太閤検地で全国に米の取れ高を示し、武士の知行として、米を与える制度によるものです（石高《こくだか》制）。

（じい）　ところが、松前藩にはそもそも米は取れないし、秀吉朱印状や家康黒印状でわかるように、アイヌとの交易が重要だった。松前藩は上級の武士たちに、アイヌの集落に行き、そこで交易する権利を与えた。これを商場《あきないば》知行制と言っている。

（ノンノ）　これはアイヌの自由交易が否定されていったということで、重要ですね。そのあたりは『有識者懇』報告にも記載されています。

（じい）　しかしね、樺太アイヌが大陸まで行って交易を続けたこと、道東のアイヌが千島列島まで行って交易したこと、当初、商場自体が北海道オホーツク海岸やサハリン最南部、南千島にはなかったことなどが記されていない。実は、17世紀にはカムチャツカ半島最南部にも、アイヌが生活していたこともわかっている。

（ウパシ）　相変わらず、日本と関わったアイヌのみしか記載されないということですか。これじゃ、アイヌ民族は昔から北海道という「日本の一つの島」の民だったという創作物語になるよ。

（じい）　さらに、津軽藩にも南部藩にもアイヌがいた。どこにいたかも明らかだ。だが、(北)東北のアイヌの存在も、いっさい無視だ。(北)東北の人たちにとっては、ルーツがアイヌ民族につながることを「おー、そうだったのか」とはなりにくいらしい。その意識って何だろうな。

（ノンノ）　それは、自分は単一民族＝日本人でありたいということでないかなあ。それって、北の縄文文化が世界遺産になっても、誰も「アイヌの祖先の文化」と言わないことにつながりますね。

3　シャクシャインの戦い

（じい）北海道アイヌの歴史の中で、一番大きな戦いになったのがシャクシャインの戦い（1669年）だ。

（ウパシ）交易が松前藩に有利にされ、その反撃で決起したものだが、最後は松前藩に和睦を求められ、騙し討ちにされるという流れですね。

（じい）一般には、そう受け取られている。しかし、原因はそれのみではない。

（ウパシ）エッ、他にはどういう原因があるの？

（じい）17世紀中ころ、和人が松前藩の許可のもと、どんどん北海道のアイヌ居住圏に入って来て、砂金を採り、鷹を獲り、魚を捕り、交易の交換比率を和人有利に変えた。これに対し、もとの自由交易に戻せ、せめて松前城下交易に戻せ、和人は出て行けと訴え、全道規模の戦いになったのが、シャクシャインの戦いだった。

（ノンノ）アイヌの大地に土足で乗り込み、利をむさぼる和人。それに対して「出て行け」というアイヌの一斉決起。これは未曾有の大戦争じゃないですか。

（ウパシ）それで、決起の目的は達したのですか？

（じい）確かにシャクシャインは騙し討ちにされるが、この戦い以降、和人が一年の一定時期に交易に来たら、後は和人地に戻るようになった。あるいは、松前城下交易もウイマムという名で復活した。和人の侵出に制限を加え、約200年間、和人がアイヌモシㇼで居住することを止めたのだ。

（ウパシ）じいさん、簡単に言ったけれど、この戦いの意義は極めて重要ですね。

（じい）シャクシャインの戦いでは、決起を呼びかける檄がある。そこには、樺太・ラッコ島（千島列島のウルップ島）を含む、全アイヌモシㇼを決起の対象にした。また、この戦いの後半では、イシカリ首長のハウカセが松前藩に立ちはだかる。松前藩はイシカリアイヌに「もう交易してやらないぞ」と脅す。それに対して、「アイヌは米や酒はいらない。魚とシカを必要とし、シカ皮を身に付け、生きてきたのだ」と反論する。ここには「本来のアイヌ文化とは、和人の従属物ではないぞ」という気概がある。

（ウパシ）そういうことを避けて通る『有識者懇』報告って何なのでしょう。

（じい）シャクシャインの戦いで、一つ補足しておきたいことがある。それは、アイヌに殺害された和人なのだが、どんなに悪逆な人たちかと思うだろう。私が学生時代の一九七九年、釧路の土屋祝郎さんから、秋田の蚶満《かんまん》寺の過去帳にある、殺害された18人の存在を教えてもらった。かれらの戒名を当時、「近世」蝦夷史のイロハを教えていただいた佐藤宥紹氏に見ていただいたところ、零細漁民だと言われた。松前藩のお墨付きでアイヌモシㇼに侵入した和人は貧しい民だったのだ。

4　前期場《ば》所《しょ》請負《うけおい》制

（じい）　１７１０年代になると、商場知行制に変化が起こる。松前藩の家臣たちは、松前や近江《おうみ》の商人に商場（場所）を請け負わせ、彼らから運上金（上前）を得て、生計を立てるようになった。これを場所請負制と言っている。

しかし、１７１０年代～１８７０年ころの百数十年間の場所請負制を、一括して同じモノと見るのは乱暴だ。

１７１０年代～１７８０年代は、松前藩士に代わって、商人がアイヌと交易する時代、１７８９年のクナシリ・メナシの戦いを挟んで、それ以降あたりからアイヌを漁場労働者として使役するようになっていく。その使役が奴隷扱いになっていくのが、松浦武四郎がアイヌモシㇼを往来した時期である。

（ウパシ）　とすると、場所請負制の歴史は、
①場所を請け負った商人がアイヌの集落に行き、交易した時代

②クナシリ・メナシの戦い（1789年）
③場所を請け負った商人がアイヌを漁場労働者にした時代
④アイヌが奴隷的に使役される時代
と変遷するのですね。

（じい）②のクナシリ・メナシの戦いのあと、キッカリと③に移行するのか、明確な史料がなく判断できない。しかし、大雑把なところは、こんなものだろう。

（ノンノ）『有識者懇』報告では、「コタンコロクル制を実質的に廃止し、乙名《おとな》・小使《こづかい》・土産《みやげ》取《どり》といった役土人の支配下に入り」と説明します。そして、場所請負制の次に、クナシリ・メナシの戦いが記載されています。

（じい）この説明のうち、そもそも「コタンコロクル制」の意味がわからない。定義や説明抜きの造語だ。17~18世紀のアイヌ首長層を指したものと思われるが、その実態はよくわかってはいない。
また、18世紀後半になって、乙名・小使・土産取などを任命したのは間違いないが、それはアイヌ社会の実態を無視したものではなく、そもそものアイヌ首長層をそのままの形で和人権力者が任命したものだろう。となると、アイヌ首長層の土台はしっかり残っているので、「役土人制によりアイヌは完全に和人の支配下に入り」と決めつけるのは、断定が過ぎるのではないか。自治権・裁判権はコタン（村）にあった。それが少しずつ奪われていく過度期と言えようか。

（ウパシ）日本とロシアが対立する前に、すでに、アイヌ社会は日本の一部になったとでも言いたいような文ですね。

（ノンノ）『有識者懇』報告では、

・アイヌの人々が日本語を学んで窮状を幕府に訴えないようにするため、日本語を教えないようにしてきたが、一部のアイヌの人々は日本語を学んで窮状を幕府に訴えようと試みた。

とありますが、アイヌ自ら日本語を学ぼうとしたのですか？

（じい）この事実を私は知らない。もしかしたら、そういう人も多少はいたのだろうか。ただ、クナシリ・メナシの戦いの直前、アッケシ（厚岸）首長のイコトイが幕府の役人に、アイヌ語で窮状を訴えたことがあった（『蝦夷地一件』）。このときは、日本語を使っていない。それから、アイヌが日本語を使わないのは、当たり前で、それは、自身がアイヌ語を母語とするアイヌ民族だからであり、仮に少数の日本語を使いたいアイヌがいたとしても、松前藩が日本語を伝えなかったのは、アイヌ民族は日本の民でなかったからでしかない。

（ノンノ）これではアイヌ自ら同化を望んだとか、江戸幕府の支配下の民であるかのように聞こえますね。

（じい）一七九九年に東蝦夷地（北海道太平洋岸、南千島）、一八〇七年に西蝦夷地（北海道日本海岸）が幕府「直轄地」になる。しかしこれは海岸部のみであり、和人が自由に住みついたわけでもない。アイヌモシㇼの居住者はあくまでもアイヌ民族だ。一八六九年に北海道・南千島を植民地にする過渡期に、一歩足を踏み入れたということだね。

（ウパシ）それに、ここでも、樺太や千島列島のアイヌのことが触れられていませんね。

（じい）樺太アイヌは清王朝に貢物を持っていくようになり、北千島にはロシアの勢力が侵入してきたのだが。

（ノンノ）そうなんだ！アイヌモシㇼは日本とだけ関係があったのではない。中国やロシアの関係もあった。しかし、どんなに重要な史実であっても、『有識者懇』報告には書かれません。

5　アイヌ文化

（ノンノ）『有識者懇』報告では、ここで「アイヌ文化」成立の説明をしています。

（ウパシ）と言うことは、アイヌ文化は場所請負制のもとに、つまり、日本の影響下のもとに、成立したということですか？

（じい）『有識者懇』報告をそのまま読むと、ウパシさんのように感じるよな。そうは一言も言っていないのだがね。実際はどうなのか、煩雑になって申し訳ないが、アイヌの各風習の初見史料を紹介しておこう。

（ノンノ）『有識者懇』報告では、アットゥシ、木綿衣、イクパスイ（お酒を神にささげ、祈るためのヘラ）、木彫りや刺繍などの優れた工芸品、ムックリ（口琴）やトンコリ（弦楽器）などの楽器、ユカラなどの口承伝承、民族舞踏、イヨマンテ（熊送り儀礼）に代表される伝統的儀礼の発展など、「アイヌ文化の特色と言われる多くの要素が伸長し、独自の力強さも見られた」と書いています。確かに、これらの文化が、この時代（場所請負制）に出現、発展したように見えます。

（じい）イクパスイは『ルイス・フロイス書簡』（１５６５年）、木綿衣は『ジョン・セーリス書簡』（１６１３年）、衣服の刺繍は『アンジェリスの第二蝦夷報告』（１６２１

年）や『カルワーリュの蝦夷報告』（1620年）に見えるね。

（ノンノ）これらは自由交易の時代か、松前城下交易の時代ですね。

（じい）さらに、木の皮で織る衣服（アットゥシ）は『快風丸記事』（1688年）、ユカラを「浄瑠璃」のように訳した『蝦夷談筆記』（1710年）、マキリ（小刀）の鞘の彫刻は『快風丸記事』（1688年）、弦楽器は『正徳五年松前志摩守差出候書付』（1715年）、クマ送りは『蝦夷談筆記』（1710年）に見える。ただ、クマ送りを示唆する史料は樺太アイヌのことを記録した『フリース船隊航海記録』（一六四三年）や、シャクシャインとオニビシの対立の中（一六六五年『津軽一統志』）にも見えるよ。

（ウパシ）これらは商場知行制の時代ですね。

（ノンノ）ウ？　マキリについては、コシャマインの戦い（1457年）のとき、アイヌの少年がマキリで刺され、それが直接原因で起こったとか、言っていましたよね。

（じい）そうか！　大事なことは、史料の初見の時期に、そのアイヌの風習が始まったのではなく、「少なくとも、その史料の初見のときまではその風習は遡れます」ということですね。

（じい）そういうことだ！　私が言いたいことは、多くが場所請負制の前に出現しているの

（ウパシ）に、場所請負の、それも漁場労働がひどくなった時代のところで説明していることだ。場所請負制のずっと前から、これらのアイヌ文化はあった、しかも過酷な場所請負制下でも伝えていったという書き方をすべきなのですね。

6　クナシリ・メナシの戦い

（じい）18世紀後半になると、松前藩の財政は非常に厳しくなった。松前藩は有力な場所請負商人の飛騨屋久兵衛から、莫大な借金をした。しかし、松前藩は返済する気は全くない。その代わりに道東や道北の場所を請け負わせた。

（ノンノ）ここで、飛騨屋の非人道的な漁場労働が行われたのですね。

（じい）地獄のような漁場労働に、クナシリ・メナシ（根室海峡周辺）の若者たちが決起した。和人の漁師たちが殺害されたが、長老のアイヌたちが説得し、松前軍が到着する前に、決起を収めてしまった。この戦い（クナシリ・メナシの戦い）が対和人に対する最後の武力抵抗になった。

（ノンノ）『有識者懇』報告でも、この事件は伝えていますよ。

（じい）そうなんだ。ただ、過酷な漁場労働は、クナシリ・メナシの戦いが初期で、それ以降、激しさを増していくようだ。だから、前に前期場所請負制〜クナシリ・メナシの戦い〜後期場所請負制という流れを提示した。

（ノンノ）そう言えば、『有識者懇』報告は、クナシリ・メナシの戦い以前に、すでに過酷な漁場労働があったかのように記載されています。

（ウパシ）穿った見方になりますが、クナシリ・メナシの戦いも、アイヌ文化も、日本の経済支配下の中で起きたこと、日本の領域下で起きたこと、そういうように見えてしまいます。

7　ロシアの南下政策と国境画定

（じい）アイヌ文化後期については、ロシアの南下政策で、アイヌモシㇼを日本とロシアで分割したことを知らなければならない。

（ウパシ）ロシアによるアイヌモシㇼ侵攻はどういう歴史をたどりましたか。

（じい）ロシアは元々は東ヨーロッパの国だったが、16世紀以降、シベリアに領域を広げ、17世紀には北東アジアに至った。そこで、清王朝と対立し、清王朝に跳ね返された（ネルチンスク条約）。次いでロシアはカムチャツカ半島に至り、そこから千島列島を南下した。

（ウパシ）その間、当然、シベリアの先住民族との戦いがあったのでしょうね。

（じい）もちろんあった。

（ノンノ）ロシアによるアイヌモシㇼ侵攻は、どういう歴史経過をたどりますか？

（じい）１６９７年、カムチャツカ半島に到着したロシア勢力は、以後、同半島の先住民族と壮絶な戦いを経ながらも、千島列島を南下していく。このとき、カムチャツカアイヌとの戦いがあったことも指摘しておきたい。

（ウパシ）そして、エトロフ島までが日本が支配し、それより北がロシアが支配し、今、「北方四島」をロシアが不法占拠しているので、「返せ」と言っているのでしょ。

（じい）それは、現在の日本の政府見解に過ぎない。安倍政権以降、学校では、領土問題に対しては、政府見解のみを教えなければならなくなったから、早く言えば、子どもたちはそのように「洗脳」されてしまった。政府見解以外のことを教えたら、「教育の中立からはずれている」と批判されるようになった。韓国が国策として竹島を自国領と信じさせ、それ以外の考えを一切認めないのと同質だね。北海道では全国学力テストの点数を上げるために、チャレンジテストを各学年でしなければならない。現場はめんどうくさいっていったら、ありゃしない。

このときに、たびたび「北方四島」の島名を覚えているかという問題が出される。
（ウパシ）教育現場から見たら、迷惑な話だ！　いつだったか、「歯舞《はぼまい》諸島」を読めない北方担当大臣がいたっけな。
（ノンノ）しかし、「そういう見方をしなければならない」と決められるのは、学問でも教育でもないわ。さまざまな見方をして、そこからどれがより正しいか深めていくのが学びと言える！
（ウパシ）そういう教育ばかり受けてきて、それが「学力」だと信じさせられてきたから、皆、教育は面白くないし、子どもたちも型にはめられて、「お上」を批判しようという若者も極めて少ない！　政府見解＝中立の教育はやめてほしいね。
（じい）こんな夢のない教育ばかりさせられるから、教育者になろうという若者が激減している。仕事がブラックだというだけでない。教育はお上の決めた効率化の駒にされているからね。
（ノンノ）先住民族の権利の内容を理解している若者、アイヌ民族の若者も含めて、ほとんどいない。踊ったり、歌ったり、彫刻したり、刺繍をしたり、そういうことだけの伝承が、つまり、生活から切り取ったアイヌ文化の伝承だけをし、そりゃ、それも大切だろうが、少なくとも、歴史に関心を持たないようにさせられている。

（じい）　政府に、土地・資源の権利や、遺骨返還を求めているのは、１９８０年代から先住権を、身をもって学んできたからだろうが、70歳以上のアイヌが多いからなあ。アイヌ民族に限らず、若者の多くは権力に飼いならされているよ。

（ウパシ）　それで、「北方領土」に対する政府見解は正しいのですか。

（じい）　正しいかどうか、正解はない。政府見解も含めて正しいかどうか、事実をもとに自分で調べる、そこに「学び」があるのだから。史実をたどっていくから、自分で正解を探してほしい。そして、他の人の話も聞いたり、自分で調べ、さらなら正解を探してほしい。ここでは、今、私が知っている史実を言おう。

１７６６年にロシアの商人・ラストチキンがウルップ島まで来て、毛皮税を取り、１７６８年にチエルニイがエトロフ島に来て、恐怖「政治」を行った。

（ノンノ）　ちょっと待って！　ということはエトロフ島に侵攻したのは、日本よりロシアの方が先ではありませんか。私は「北方領土は日本固有の領土であり、歴史上、日本以外のいかなる国も支配したことがないので、ロシアは不法占拠している」と思ってきました。

（ウパシ）　いやあ、「文明国」で最初に千島列島に達したのは、ロシアだったのか。

（じい）　１６４３年にオランダのフリースがウルップ島やエトロフ島に到達し、「探検」しているし、おそらくアイヌから聞き取ったものだろうが、松前藩が1700年に書いた地名(『松前島郷帳』)には北千島までの島名が書いている。ただ、オランダ人は一度来ただけだし、松前藩は単に島名を記録化しただけとも言える。

(ノンノ) 何よりも忘れてはならないことは、ここに住んでいたのはアイヌ民族だと言うこと! 以後の占拠者は侵略者と言える!

(じい) 1771年、ラショワ島とエトロフ島のアイヌが、ロシアの侵攻に対し、中部千島で抵抗戦を繰り広げた。結果、ロシアと南千島のアイヌは、中千島のウルップ島で交易することで決着した。

(ウパシ) エトロフ島とウルップ島の間の線引きって、ここから始まるのか! だけど、この線引き、ロシア人と南千島アイヌの間で行ったもので、日本の国は関係ないぞ。

(じい) こうしたロシアの南下の噂は、和人の一部・知識人の知るところとなり、江戸幕府の上層部に伝えられた。老中・田沼意次は南千島やサハリン南部に探検隊を派遣し、実情を探らせた。状況によってはロシアとの交易や、北海道「開拓」も考えていたらしい。ところが、田沼政治をすべて批判したい、次の権力者・松平定信は探検隊を否定し、ロシアの北方侵出をなかったことにしようとした。

(ウパシ) そこにロシア皇帝の国書を持って来たラクスマンが国交を求めて、ネムロに来る

（じい）のですね。

江戸幕府は1799年に東エゾ地（ほぼ北海道太平洋岸と南千島）を幕府直轄に、1807年に西エゾ地（ほぼ北海道日本海岸）を幕府直轄にした。しかし、ナポレオン戦争などで、ロシアの南下が一時弱まると、1821年に松前藩に戻した。日本とロシアのアイヌモシㇼを分割する歴史は、いわゆる「北方領土」に限定することなく、サハリン・千島列島・北海道をめぐり、まだまだ続く。そのつど、政府見解＝中立じゃなく、自分の頭でどうするべきか考えてほしいものだ。

8　日露通好条約

（ノンノ）1855年に日露通好条約を結びますね。これが、「北方領土」を日本領に決めた年、その決めた日（2月7日）は「北方領土の日」になっている。

（じい）日本がポツダム宣言を受諾した1945年8月15日以降に、ソ連（ロシア）が北千島に侵攻し、そこに住む島民が強制的に移住させられた事件は、ソ連の侵略以外の何ものでもない。しかし、1855年の日露通好条約については、ちょっと立ち止まって考えて！

（ウパシ）そうだね、ここに住んでいたのは、そもそもアイヌ民族だということだからね。
（じい）それもそうだが、日露通好（和親）条約は、かつての歴史年表では、１８５４年と書かれていた。
（ノンノ）しかし、現在は１８５５年という資料ばかり、『有識者懇』報告も１８５５年になっている！
前の説は間違っていたのか！
（ウパシ）「政府見解を教えろ」に何か関係あるのではないか？
（じい）日露通好条約により、南千島は日ロ両国の確認で、日本領と決めた「記念すべき年」、それは旧暦の１８５４年12月だった！
（ウパシ）それじゃ、１８５４年でないですか。ウッ！「旧暦」？「旧暦」って何？
（じい）１８７２年まで、日本は太陰暦（旧暦）を使っていた。太陰暦は月の満ち欠けに合わせ、暦をつくったものだ。１８７３年に欧米の慣習に合わせ、太陽暦（新暦）に変えた。１８７２（明治５）年の12月３日を、１８７３（明治６）年の１月１日にしたのだ。
（ノンノ）それでは、日露通好条約の１８５４年12月って、新暦にしたら、いつ？
（じい）１８５５年の２月だ。

（ウパシ）2月7日は「北方領土」の日だものね。
（ノンノ）それじゃ、日露通好条約は1855年か！
（じい）そうはならない。日本史では、1872年よりも前の事件は、すべて旧暦で示している。そうしなければ、日本史の事件はすべて書き直しだ。

元禄15（1702）年12月14日、赤穂の浪人が吉良邸に討ち入り！という事件を、新暦に直し、1703年の事件にはしない。桜田門外の変も「桃の節句（3月3日）に起きた」というけれど、これを新暦には直さない。ところが、こと、日露通好条約のみ、皆、政府見解を意識して、1855年の事件としている。
（ウパシ）政府に忖度し、歴史の事実さえ変えてしまう。こんなこと、今、現実に起きているのか！　アララ、教科書も1855年じゃない！「北方領土」返還を国民運動にするために、史実までねじ曲げちゃいけない。オレたちにものを考えさせてくれ！
（ノンノ）ところで、『有識者懇』報告では、文化の同化政策に、アイヌが反発したことが述べられていますね。
（じい）松浦武四郎の『近世蝦夷人物誌』を見ると、そういう事例が紹介されている。
（ウパシ）ということは、『有識者懇』報告は、国の政策を批判するようなことも書いている場合もあるのか。

（ノンノ）いや、私、わかってきた！　日本の国は「アイヌ文化の復興」ばかりしか言わないじゃないですか。そして、多くの国民も、アイヌの多くの若者も、「文化の復興」に集まってくる。批判精神を持たず、国策の言うとおりに行動する何と「従順な」日本「国民」！

（ウパシ）と言うことは、これも「アイヌ民族の先住権はアイヌ文化の復興のみ」という政府見解に合わせたものか！

本来、アイヌのみの居住地のアイヌモシㇼを、日本とロシアが分割したんだということを銘記しなければ、まともな先住権を語ることはできないということだね。

9　後期場所請負制

（じい）場所請負制は、19世紀になると、アイヌの人たちを漁場労働に宛がうようになり、さらには生産性の高い漁場へ、アイヌの人たちを強制労働に駆り立てるようになった。和人の経済効率のみの過酷な漁場労働、和人労働者による女性への暴行、天然痘などの流行病などにより、アイヌ史上、もっとも人口が減ったのが、この時代だ。

（ノンノ）松浦武四郎の日誌にも見えますね。

（じい）　けれども、この時代の史実を取り上げると、嫌がる人がいる。

（ウパシ）「人間がここまでやるか」と、和人のひどさが浮き彫りにされるものね。

（じい）　そこで、アイヌは自分稼ぎと言って、自分たちで生計を立てていたという人もいる。だから、松浦武四郎の言うことをそのまま信じてはいけないということを言う人もいる。

（ノンノ）確かにそういう地域もあったのは間違いない。人間はやられてばかりはいない。たくましくも生きる。しかし、コタン（村）が壊滅した地域も多くあった。このことから目を背けてはいけない。少なくとも、アイヌの歴史の中で、もっとも多くの命を奪った時期であることを知らなければならない。

（じい）　『有識者懇』報告も、場所請負制の猛威については、よく言及している。そこは「よく説明した」と、評価したい。しかし、こと領域の話になると、「アイヌの人々の居住地は日本の領土だと主張した」とし、当時の日本側の論法しか載せていない。

（ウパシ）実際は千島アイヌのいる北千島はロシア領、樺太アイヌのいるサハリンは日ロの両方の雑居地としたのですね。

（ノンノ）やはり、アイヌモシㇼを、日ロで分割したというのが、正しい見方ですね。

10　松浦武四郎

（じい）『有識者懇』報告には触れられていないけれど、ここで松浦武四郎について立ち止まって考えておきたい。松浦は、場所請負制の猛威の中で、和人でただ一人、アイヌの悲惨を世に訴え、命さえ付け狙われた人物だ。彼が尊王の思想を持ち、あるいは幕府が真っ当にアイヌ政策を行えば「善政」になると信じていた向きもあり、彼の限界をあげることもできるが、それ以上に、アイヌ民族に差別意識を持たなかった、多くの和人のやりように怒りを持っていたことは、とびぬけていた。

（ノンノ）松浦のそういう行動には、現在も多くの人がいい評価をしているのではないでしょうか。

（じい）ここで、問題にしたいことは、一部の人の松浦の取り上げ方だ。かつて静内といった新ひだか町に、シャクシャイン記念館と、そのすぐ近くに、勇壮なシャクシャイン像があった。これは小中学校の社会科教科書によく載っている像だ。ところが、シャクシャイン記念館の前には、松浦武四郎の記念碑を建て、ついで勇壮なシャクシャイン像を壊してしまい、新たなシャクシャイン像を造った。

（ウパシ）それは、歴史を改ざんしたいという、歴史「修正」主義者の行為か！

（じい）　いや、新ひだかアイヌ協会と、新ひだか町が共同で行ったことだ。シャクシャインは、和人の侵攻に怒り、民族の決起を訴え、行動した人物だ。そういう歴史的人物の記念館の前で、シャクシャインではなく、敢えて「いい和人」の記念碑を造り、「決起するぞ！」という勇壮なシャクシャイン像を壊す、これはシャクシャインの歴史評価を弱め、現在のアイヌ民族の運動をセーブさせるものだ。

ちなみに、新ひだかアイヌ協会の会長は、２０２０年の北海道アイヌ協会の理事長に立候補し、互選の結果、理事長に選ばれている。

（ウパシ）　勇壮なシャクシャイン像は、壊したままですか？

（じい）　もともとの、勇壮なシャクシャイン像を造ったシャクシャイン顕彰会が、再度、シャクシャイン像を造り直した。

ところで、この松浦記念碑建立のお祝いのとき、「有識者懇」の佐々木利和氏が講演し、アイヌには犬を祖先とする伝承があり、それを新ひだか町も観光資源にするといいという主旨のことを言った。

（ウパシ）　エーッ、確か、首都圏出身のお笑い芸人がアイヌ民族に対して「犬」発言し（日本テレビの放送～２０２１年３月）、放送までの社内のチェック機能も働かず、北海道アイヌ協会を始め、多くのアイヌの人たちは謝罪を求め、怒ったはずです。その後、日本テレビはアイヌ差別に真剣に向き合い、番組で謝罪し、防止策を示しましたが（2021年8月26日）。

（じい）今の60代、70代以上のアイヌの人たちは、「犬」という言葉が、強烈な差別語に使われてきて、その感情を考えると、とても注意しなければならない言葉だ。

そして、この問題に対する日本テレビの向き合い方、何よりもそこで示した歴史認識は歴史に残るすぐれた番組だった。
（ノンノ）逆に言えば、アイヌの歴史を学ばなければ、こういうことを起こすのですね。
（ウパシ）お笑いのネタにするのは「少数者」や差別を受けてきたものにすべきではない。チャップリンの『独裁者』のように、権力を持つ者、弱者をいじめる者をまな板にあげ、からかい、風刺し、笑いとばすべきだ。
（じい）しかしなあ、その一方で、「偉い方」のこういう発言はスルーされる。お笑い芸人の発言を擁護する気はないけれど、お笑い芸人は叩けても、偉い方に対しては自民党の麻生氏が「日本人は単一民族」と言おうが、佐々木氏が「犬伝承で地域の活性化を」と言おうが、スルーされる。この差は何なんだと思う。

確かに、『蝦夷島奇観』などを見ると、アイヌの祖先を「犬」と見る伝承があったことがわかる。しかし、アイヌの人たちが、「犬」とからめて、どれほど苦しんできたかを知っていたら、この伝説は学問の世界に収め、それ以上、広めようとはしないな。

（ウパシ）ところで、アイヌのことを「土人」とか「旧土人」と言うのは、差別語でないのかな。

（ノンノ）『有識者懇』報告は、土人とは「その土地の人、土着の人」の意味だと言う。

（じい）それも学問としては正しい。本来はそういう意味だった。しかし、「土人」は差別語として、アイヌ民族を苦しめてきた言葉だ。「犬」という言葉も同様なのだ。

（ノンノ）中国人をかつてシナ人と言った。シナは本来、差別語ではなかったと聞いています。SINAは中国の最初の統一王朝・秦（SIN）から来ているとも、英語のCHINAも同じ語源だとも聞いています。しかし、日本人はシナ人という言葉で徹底して中国人を差別した。これは、語源が差別語かどうかと言う問題とは別に、その民族の多くの人たちの気持ちを考えていくべきだと思います。

（ウパシ）後期場所請負制があまりに過酷なものだっただけに、それを見たくはない一派が、唯一、アイヌの側に立って行動した和人＝松浦武四郎を持ち上げるという方法で、「利用」する。そう考えると、この時代の見方は大事ですね。

（ノンノ）後期場所請負制については、考えることがたくさんあった。今日は、家に帰って、一人になって、考えてみたいわ。

第3日目　「近代」

第5章　「近代」アイヌ文化期

1　北海道を日本の一部に＝アイヌの領域を奪う＝植民地化

（ウパシ）ピンポーン！　じいさん！　おはよう。

（ノンノ）今日は、「近代史」のお話を聞きに来ました。

（じい）アイヌ史の中でも、「近代」に関する歴史認識こそ、先住権を考える核心だからね。

（ノンノ）「南京虐殺はなかった」「韓国併合は朝鮮半島の人も望んだことだった」「アジア・太平洋戦争は日本の防衛戦争だった」として、朝鮮人や中国人を、ネットを使って攻撃する人たち。「ナチスはよかった」「アウシュビッツはなかった」というネオナチの人たち。皆、自国の犯した国家的犯罪に背を向け、それどころか、国家的犯罪の被害にあった人たちを徹底的に攻撃する。

（じい）もちろん、中国の言う南京虐殺30万人というのは誇大だし、朝鮮半島の植民地化に対し、協力した朝鮮人もいただろうし、挙国一致して、竹島を自国領と信じる韓国の人、現在の香港やウイグル人に対する中国の弾圧など、現代の韓国・中国の言い分や行動には大いに問題がある。しかし、それは過去に日本帝国のやってきたこととは別の話。日本帝国を正統化する理由とはならない。日本の植民地支配を批判的に扱うことに対して、批判者を中国・韓国の代弁者であるかのように見たて、「30万人も殺害していないぞ」と反論するのは、論理のすり替え、お門違いだ。

（ウパシ）彼らを「歴史修正主義者」と言うけれど、それは「修正」でも何でもない。単に歴史の真実を捻じ曲げようとする人たちというだけだ。他人に迷惑をかけてきた人が、それを認めたくないから、逆切れして、迷惑をかけた人を口汚く罵る、世の中にはそういう類いの人がいるが、質は同じだと思う。

（ノンノ）「修正」って、よりよく変えていくこと。彼らは「修正」ではなく、「修悪主義」「改ざん主義」と、言うべきだ。

（じい）2018年は1869年から数えて「北海道150年」だと大騒ぎ。

（ウパシ）おれね、2018－1869は、どう考えても149年にしかならないと思うけれど。最近、小学校3年生の算数の計算、変わったの？　もちろん、皮肉で言っているんだけど。

（ノンノ）北海道「命名」149年の年に、北海道中マスコミも含めて、「150年だ」と盛り上げましたね。

（じい）　いい「大人」がこんな間違った計算をして、ワイワイお祭り騒ぎ。北海道教育委員会は、「北海道150年の歴史の授業を全道で行え」と指示する。教員は、つくづく真実を学び続ける人でなくちゃ、「お上」にいいように使われると思うな。1868年から明治150年の主張し（これは少なくとも計算は間違っていない）、日本の「近代化」万歳のお祭り一派に、便乗しようということなのだろうな。

（ノンノ）　日本の「近代化」とは、一面では、東アジアへの侵略・植民地化の歴史でもあったわけですね。

（じい）　この1869年は、「北海道開拓」～「琉球処分」～「韓国併合」～「満州国建設」につながる基点になるものだ。もちろん、「開拓」「処分」「併合」「新国家建設」でなく、植民地化したという核となる事実をおさえなければならない。

（ウパシ）　なるほど！

（じい）　そこでだ。2011年、アイヌ文化財団（当時は「アイヌ文化振興・研究推進機構」。以下、「アイヌ文化財団」と略す）で出版している、小中学生用の「アイヌ民族の文化と歴史を学ぶ副読本」（『アイヌ民族・歴史と現在』）の中で、この1869年をめぐる一文が、問題になった。北海道議会で、小野寺まさる氏が、やり玉にあげ、ほぼ同時に、ヤンキー先生こと、義家弘介氏が参議院で副読本批判を始めた(アイヌ民族副読本修整事件)。

(ウパシ) 小野寺氏が取り上げた文は、どこが問題だというのですか?

(じい) ・1850年ころ、北海道のほとんどの場所に、アイヌの人たちが住んでいました。しかし、1869年に日本政府は、この島を「北海道」と呼ぶように決め、アイヌの人たちにことわりなく、一方的に日本の一部にしました。そして、アイヌ民族を日本国民だとしたのです。しかし、日本の国はアイヌ民族を「旧土人」と呼び、差別し続けました。

という文だ。

(ウパシ) この文のどこが問題だと言ったのですか?

(じい) 小野寺氏は「アイヌの方々が先に北海道に住んでいて、日本人がそれを奪ったというような間違えた認識が広がっている」とし、「それは違うのだということを北海道としてもしっかり広報していただきたい」と主張したのだ。

(ウパシ) エーッ、そんな小野寺氏の理解、誰が考えても、おかしいじゃないの! 当然、アイヌ文化財団は、キッパリと拒否したのですよね。

(ノンノ) 中学生にもわかるこの史実、「有識者懇」の皆さま、アイヌ文化の研究機関、アイヌ民族団体は当時どういう対応をしたのですか？

（じい）副読本発行のアイヌ文化財団の理事長は、かつての北大の学長、また、1995年の「有識者懇」のメンバーだった憲法学者・中村睦男氏だったが即、改ざんに賛成した。

（ウパシ）エッ！　反対じゃなくて、サ、サ、賛成ですか！　聞きまちがえじゃないよね！　賛成なんですね！

（じい）中村氏の弟子の憲法学者、2009年の「有識者懇」のメンバーの常本照樹氏は、北海道大学 アイヌ・先住民研究センター（以下、「北大アイヌ・先住民研究センター」と略す）のセンター長をしていた。同センターでは、加藤博文氏を中心に、小中学校版の副読本を作った人たちも複数入って、高校用のアイヌ史・北海道史の副読本を作っていた。99％完成した直後に、アイヌ民族副読本修整事件が起き、中村氏の指示で即、お蔵入り、中村氏は「この本を人に見せるな」と言った。彼は今、アイヌ文化財団、さらにはウポポイの代表をしている。また、高校用の副読本の取りまとめをしながら、常本氏に言われるままに、この副読本を闇に葬った加藤博文氏は現在の北大アイヌ・先住民研究センターのセンター長になり、アイヌ遺骨の研究利用をめぐる「ラウンドテーブル」案、「倫理指針」案をつくっている。

その後、加藤氏は、小中学校の副読本改訂反対の活動をしたメンバーのみを外して、新たな高校用副読本をつくった。

（ウパシ）エーッ！

（じい）アイヌ文化財団の評議委員会では、貝澤耕一氏、秋辺日出男氏ら、アイヌ民族のリーダーたちが相次いで、書き換え反対の意見を述べたのに対し、中村睦男氏、常本照樹氏は書き換え賛成、推進機構の決定機関の理事会では阿部ユポ氏、横山むつみ氏ら、アイヌ民族のリーダーは反対、佐々木利和氏は「一方的に」が小学生に難しいとか、昨日お話した「オッカイが青年だ」と宣わって、書き換えに賛成した。

（ウパシ）エー、エーッ！

（じい）各アイヌ団体は、旭川アイヌ協議会の川村兼一氏が改ざんに反対、さらに当時、東京にいた（後、大阪に移る）出原昌志氏が川村氏と連携し、首都圏のアイヌ四団体をまとめ、改ざんに反対した。

一方、北海道アイヌ協会は、事務局長が態度を明らかにしなかった。しかし、3人の副理事長が皆、書き換え反対の意見を強く述べ、事務局長は、やむを得ず、反対に回った。しかし、北海道アイヌ協会は裏から、書き換え反対の署名や集会にさんざん圧力をかけた。

こうして、ともかくアイヌ民族の諸団体が一応一致して改ざん反対に回り、1869年の記述はもとに戻った。

（ノンノ）しかし、トホホ……。アイヌ文化財団も、北大アイヌ・先住民研究センターも、皆、アイヌ史改ざんに賛成とは。さらには、北海道アイヌ協会がしばらく態度を明らかにしないなんて。それも、よりによって、アイヌ史の最も核心的な史実で！ 何ということか！ まるでアイヌ政策岩盤ね。

（ウパシ）今、彼らはアイヌ政策の役員を踏み台にして、アイヌ施設の長などをやって、「偉く」なり位人臣を極めている。大人の世界って、そんなものか！

（ノンノ）1869年の位置づけについて、副読本を通して、もめにもめたことがわかりました。体制側の意向に付こうという人と、そうではない人の闘いとも言えます。

（ウパシ）世の中はこうやって、権力にうまく忖度することで「出世」することがよくわかりました。すばらしい「教訓」です（笑）。

（じい）そうは言っても、彼らはネット右翼ではない。

一度、アイヌ文化財団が政策決定したことは、アイヌ民族にとってどんなに間違った決定であっても、アイヌ政策岩盤がそれを守り抜こうという、一蓮托生のパワーが働いたということだ。そのために「1869年のアイヌモシㇼから北海道へ」という歴史認識の根っこのところさえ、改ざんに賛成をする。

（ウパシ）ウーン……。「アイヌ学」学者で、この「アイヌ学」村の行為を批判する人はいなかったの？

（じい）「アイヌ学」村の中枢の人の意向なだけに、ほとんどの学者は沈黙を守った。アイヌ文化財団は秘密裏に、新たな副読本の執筆者、編集委員の人選も行っていたが、それに選ばれた「アイヌ学」学者たちは、内諾していた。同財団勤務の学者がそれを進め、同財団の理事会・評議委員会も、歴史改ざん賛成と、洞ヶ峠の筒井順慶のように、模様ながめの「アイヌ学」学者しかいなかった。編集委員の中にも、財団に従う人がいてねぇ、結局元の編集委員・執筆者は維持されたが……。

ただし、学者の中で、小野有五氏のみが、書き換え反対の仲間になって、活動した。仙台の榎森進氏も、書き換え反対の意見を述べた。そういう良心を持って行動した少数の学者がアイヌ政策から、ことごとくはずされていることに目を向けてほしい。

このアイヌ政策岩盤については、6日目の学びで、詳しくお話するからね。

アイヌ史における1869年の歴史認識は、「アイヌ学」学者としての存在を測るバロメーターだ。私はそれまで大学の「アイヌ学」学者ってすごい「知」を持った人なんだろうと思っていた。しかし、この事件のあと、そういう想いは全くなくなった。お上の「番犬」と、それに付き従う「お上手」な方の集合体じゃないかとわかったんだよ。この問題に直接関わった私は、ささいな「日の丸・君が代」の授業を口実に2ヶ月間、すべての授業を監視され、その後数年間、道教委・市教委の監視下のもと、学級担任をはずされたよ。干されたということだね。

（ウパシ）じいさんをそういう目に遇わせた「お上の番犬」を恨んでないの？

（じい）荒木村重に監禁された黒田官兵衛、大島に流された西郷隆盛よりいいと思って耐えたよ。島流しにされた親鸞や日蓮の小説も読んだ。ただ、干されたけど、孤立なんかしてなかった。家族・友人に全面的に支えられたんだから。おかげで、私は後になって後悔することなく、歴史研究と教育という仕事を続けられたよ。

（ウパシ）じいさん、この問題、アイヌ史の中でも重要な歴史認識の問題ですよね。ネット右翼などが、騒がなかったのですか？

（じい）何か、「後進民族　アイヌ」だとか言う番組を、ユーチューブを使って、発信していたようだよ。

（ウパシ）どうしたらいいの？

（じい）インターネットを使う人に取っては、社会的に理不尽な批判を受け、精神的に追い込まれたり、中には自殺する人もいると聞く。だから、被害者の立場に立ったルールを早急につくらなければならない。だけど、例えば、私みたいなじいさんなら、あまり感じないよ。だって、そもそも、インターネット使えないし、持っていないのだから。ユーチューブを見る技術もないしね。何を言われても、わからないんだ。だいたい、パソコンを自在に扱う技術があっても、匿名で相手を攻撃する人間に、「日本人の誇り」だとか言う資格があるとは思えないね。だけどさ、IT技術の高い人が「誰でもパソコン使える」「オンライン化による効率を」「日本の成長戦略だ」と、パソコンを使うのが常識とされる同調圧力に、大声で「ウルサーイ」と言いたい気分だよ。パソコンによる効率化に合わせられない人の人権なんかないじゃないか！　世界中でバンバン電気を使ってさ！

（ウパシ）わ、わかったよ！　じいさんをこんなに追いこんだアイヌの公的機関、あるいは教育委員会、その意を受けた学校の管理職、だれか謝罪してくれた人いるの？

（じい）そんな人いないよ。仮に私がもっと神経が鋭敏で、病気になったり、自殺したって「かれらの辞書に謝罪と良心という文字はない。あるのは保身と出世と迎合のみ！」（笑）。それより私に友人として接してくれた管理職、遠くに飛ばされてねえ。申しわけないよ。まさしく、教育委員会こそは、いじめの巣窟！

（ノンノ）じいさん、また意地悪されるから、そのくらいで止めておいて！　それに、それはじいさんのいた街の話、数ある中にはいい教育委員会もあるかもしれないじゃない。ところで、大事なことを聞いていません。どうして、「北海道」という名称にしたのですか？

（じい）奈良時代に、日本政府は全国を東海道・西海道・北陸道などの七道、その下に武蔵国・美濃国などの国、その下に秩父郡などの郡を置いた。道〜国〜郡という仕組みをつくったのだ。エゾ地も、北海道の下に、後志国・日高国などの国、その下に余市郡・札幌郡などの郡を置いた。

（ウパシ）これ、どう考えても、日本の一部にしたと宣言したことになるね。

（ノンノ）つまり、先住民族のアイヌ民族にことわりなく、一方的に日本の一部にしたということにつながるのですね。

（じい）ただし、いくつかの命名案を提示した松浦武四郎は、北「加伊」道の「加伊」に「アイヌの大地」という意味合いを込めた。

（ノンノ）『有識者懇』報告では、1869年の意味付けを書き、エゾ地の「内国化」が図られたこと、アイヌは戸籍制の制定に伴い、「平民」に編入、開拓使（北海道「開拓」の役所）「通達」により、区別が必要な場合は「旧土人」としたことも説明しています。

（ウパシ）しかし、それはアイヌモシㇼを分断し、アイヌの領域を奪い、北海道を植民地に

（じい）　したこと、アイヌに日本語の創氏を強制したことへの評価がありませんね。松浦の後日談。彼は開拓使に仕え、アイヌ民族のための改革案を主張するが、受け入れられず、スッパリと職をやめた。そのあとに名乗った名前が強烈だ。何と馬角斉だからね！

（ウパシ）　バカクサイかあ！

2　文化の同化政策

（じい）　明治政府は、アイヌの人たちに、日本語の創氏を強制したほかにも、葬儀の家焼きの風習（カソマンテ）、女性の入れ墨、男性の耳輪などの風習を禁止した。

（ウパシ）　「外国」語であった日本語による名字の強制、「外国」であった日本による葬儀・男女の風習の禁止か！その意味を私たちは噛み締めなければならないね。

（じい）　北海道鹿猟規則によって、シカ猟をするには「免許鑑札」が必要で、それは600名まで、アイヌの風習だった毒矢は禁止された。さらに、日高地方や十勝地方、石狩地方ではサケ漁が禁止になった。

（ウパシ）　これらはアイヌの中心の食料、メイン・フードでしょ。北海道という大地を奪われ、次に文化を奪い、さらに生きる糧の食料まで奪うとは、何と言う！

（じい）　新石器文化以来の狩猟採集社会、数百年続いたアイヌ文化の伝統を根こそぎ破壊したとしか言いようがない。

（ノンノ）　『有識者懇』報告は、この間の政策について、「民族独自の文化への深刻な打撃」とか、「結果的に、民族独自の文化が決定的な打撃を受けることにつながったと言わざるを得ない」という表現をしています。

（ウパシ）　これでは「日本政府の意図とは別に」という意味合いを残しますね。

（じい）　それに、日本政府が奪ったのは、文化だけではありません。サケ漁は禁止、シカ猟は制限と、その生業を、何よりも奪ったではありませんか。

（ノンノ）　そう、そこが問題なんだ！　アイヌの中には、餓死者まで出た。

『有識者懇』報告では、アイヌ民族の資源を奪ったことから、目を背けている。文化に深刻な打撃を与えたから、文化のみを復興すればいい、そこが現在のアイヌ政策の基本なのだ！

明治政府は、和人にも大改革をした、散髪脱刀令、「四民」平等、確かに大改革だわ。しかし、それは日本国内の話、アイヌモシㇼは日本ではなかったし、和人の主食・稲作は奪ってはいない！　一次的に廃仏毀釈みたいなことはありましたが、和人

（じい） の文化の基層はガッチリ残っていました。

現代のアイヌ政策を見ているアイヌ民族の若者、アイヌ「文化」観光に来る和人の観光客、「アイヌモシㇼを植民地にした日本」に住む国民、その他、たくさんの人たちに……、アイヌ民族は何を奪われ、国として何を返還すべきか、『有識者懇』報告には何を書いていないのか、そこをよくよく見て、考え、判断してほしい。

3 アイヌの土地・資源を奪う

（ウパシ） 1869年まで、和人はほぼ松前半島より南に住んでいたのでしょう。彼ら和人は、アイヌモシㇼで土地を持ち、住むことができなかったはず。それが土地を持ち、住めるようになったのは、なぜですか。

（じい） 日本で廃藩置県があって、和人は藩の領域から自由に出られるようになった。そして、1872年の「地所規則」「北海道土地売貸規則」により、松前・函館地方の和人、及び津軽海峡以南の和人がアイヌモシㇼの土地を所有できるようになった。また、アイヌ民族の居住地は、当分の間、「官有地」になった。

（ウパシ） アイヌの大地だった北海道が和人の私有地に分けられて行くことがわかるよ。

（ノンノ）『有識者懇』報告では、「地所規則」「北海道土地売貸規則」について、「アイヌの人々についても新たな所有権を設定した」が、「個人的な土地所有の概念がなかったこと、文字を理解する人は少数であったことなどから、この規則により所有権を取得したアイヌの人はほとんどいなかった」としています。そして、１９１６年の調査でも、日本語の文字を理解するアイヌは30％（40歳以上に限れば３％）と注に示しています。

（じい）瀧澤正氏の研究によれば、この記事は印象操作とか、解釈を日本政府の正当性に持って行こうという類いのものではなく、全くの歴史の改ざんか、歴史をわからないで書いたか、とにかく全くの間違いであることを指摘している。

（ノンノ）エッ、どういうこと？

（じい）そもそも、和人の役人が「地所規則」をアイヌに説明した形跡が全くない、それどころか、東京（開拓使の黒田清隆が中心だろう）から、それを実施しないように指示が降りたそうだ。

（ウパシ）それじゃ、最初からアイヌは対象外でないですか。それならば、「アイヌの人々についても新たな所有権を設定した」というのは嘘ですし、「文字を理解できなかったから、土地所有できなかった」は、まるでアイヌ民族の側に問題があるかのように、責任転嫁している。

（ノンノ）それをわざわざ、50年後の１９１６年の日本語の識字率を取り出し、さらに40歳以上の識字率を示すなど、アイヌ民族を見下しているのかと言わざるを得ない。

（ウパシ）アイヌ史学者の佐々木利和氏、憲法学者の常本照樹氏など、『有識者懇』の「アイヌ学」学者の責任は重大です！

（じい）北海道鹿猟規則を施行するとき、役人たちはアイヌに規則の内容を説明したので、アイヌ首長たちはそれに意見を言っている。日本政府はやろうと思ったらできたのだ。そして、日本の文字がわかっていても、わからなくても、シカ猟の提案がどういうことで、賛成か反対か、アイヌは意見を言おうとしていたのだ。研究者も人間だから、明治の開拓期の政策がよくわからなかった、事実を取り違えたということはあると思う。さすがに、わざと間違えたとは思いたくはないが、しかし、よりによって、原因をアイヌの識字率の問題に責任転嫁するとは……。それとも、わざとまちがえたのかねえ。ここは、アイヌが文化の復権だけではない、土地・資源を奪われたこと、その権利を返せということの、重要な史実だ。しかもね、それに呼応するように、ウポポイのアイヌ史の展示から「地所規則」「北海道土地売貸規則」が抜けているんだ。

（ノンノ）じいさん、アイヌの居住地を「官有地」にしたことは「アイヌの居住地を守ろう」としたことで、評価していいのではないですか？　『有識者懇』報告では、アイヌの居住地を「詐欺などにより失う恐れがあったため」と、よく解釈していますよ。

（じい）違うんだよなあ。これも瀧澤氏から聞いたことだが、「アイヌの居住地を官有地にする」ことで、アイヌの居住地を、行政の思惑で、強制移住できるようになったのだ。

（ウパシ）それはないですよ！

（ノンノ）『有識者懇』報告の、ここを説明する項は、「文明開化とアイヌ文化への打撃」となっています。だけど、これは文化への打撃どころではない！

「アイヌの土地を奪った」という項にすべきです。

（ウパシ）1869年に北海道を日本の一部にしたことで、民族の「領域」を奪い、シカ猟・サケ漁の禁止で「資源・生業」を奪い、「地所規則」「北海道土地売貸規則」で、土地を奪った。

（ノンノ）それを「文化の打撃」に矮小化してしまうのか！　史実を改ざんし、歴史認識を国の政策に従うように誘導しているとしか思えない。

4 千島・樺太交換条約

（じい）日露通好条約で、サハリンは日ロの領土にされた。日本政府は一時期、開拓使とは別に樺太開拓使を置いた。

（ノンノ）当時のサハリン島の人口はどのくらいいたのですか？

（じい）ロシア人が約3000人、和人が200〜300人、アイヌが二千数百人、ニブフが数百人というところか。黒田清隆は樺太開拓使と北海道開拓使を合併する一方、樺太はまもなくロシアに実効支配されるだろうと予想した。

（ウパシ）その結果が、サハリン島はすべてロシア領、千島列島はすべて日本領になったのですね。だけど、サハリン島・千島列島を、先住民族のアイヌやニブフやウイルタに何も断らず、勝手に日ロで分割したことになりますね。

（ノンノ）当時の「文明国」の「常識」として、「しかたなかった」のではありませんか。

（じい）当時の「常識」とは時代の限界を言うが、歴史は複眼で見なければならない。先住権の考えが世界的に確立した現代から考えてどうかという見方も必要なのだ。その結果、歴史的な「不正義」と見られる場合は、現状復帰、あるいはそれに相当する補償が必要になる。

（ウパシ）それで、千島・樺太交換条約によって、アイヌ民族はどうなっていくのですか？

（じい）サハリン南部のアニワ湾周辺のアイヌは、18世紀末の場所請負制以来の影響もあって、和人との結び付きが強かった。そこで、この地域のアイヌの多くは、ロシア国民を拒否し、841人が北海道に移住した。

（ウパシ）彼らはどこに住むことを希望したの？

（じい）故郷・サハリン島が見える宗谷への移住を希望した。ところが、開拓使の黒田清隆は石狩の対雁《ついしかり》（現・江別市）移住を強行させた。しかも、アイヌと最も親しかった開拓使判官の松本十郎に、この仕事を押し付けた。松本は、自らの行為と心情に矛盾を感じ、辞表を叩きつけた。その後、対雁に移住させられたアイヌは、天然痘やコレラなどの流行病に罹り、2年間で三百数十人が亡くなったのだ。

（ノンノ）ひどいですね〜。それで、黒田は責任を取らないのですか？

（じい）何の！　北海道は黒田王国とまで言われていたのだ。後に黒田は総理大臣になっているよ。「明治天皇から大日本帝国憲法をいただく総理」の絵は、欽定憲法を象徴するものとして有名で、小学校の社会科教科書にもあるはずだ。

（ウパシ）それでは、千島アイヌはどうなったの？

（じい）アイヌ民族は、日本の先住民族というイメージがあるが、アイヌモシㇼを日本と

（ウパシ）ロシアで分割したことは何度か確認しているね。

（じい）うん！

北千島は、18世紀以来、ロシアの勢力圏にあり、シュムシュ島では、牧畜を行っていて、ロシア正教の教会もあった。千島アイヌの人口は、18世紀初頭までは、二百数十人だったのが、19世紀半ばに百人前後まで減少した。ここが日本領になると、ロシア国籍を選び、大陸に移住したアイヌが12人（あるいは13人）、北千島に残ることを希望したアイヌが97人いた。ところが、日本政府は千島アイヌを色丹島《しこたん》に強制移住させ、移住後10年で人口はわずか58人になった。

（ノンノ）『有識者懇』報告では、「移住を余儀なくされた」と記していますね。

（ウパシ）「余儀ない」とは「他に方法がない。やむをえない」という意味です！　それは違うでしょ。樺太アイヌの言うように、宗谷地方に移住することもできただろうし、千島アイヌの言うように、北千島に残ることもできたはずです。この報告のまとめ方、極めていい加減だ！

（ノンノ）さらに『有識者懇』報告では、「農業の奨励を主とする保護政策が行われたが、急激な生活の変化や疫病などで多くの人が亡くなった」とするのみで、「保護政策」を強調している。

（ウパシ）「保護政策」なんて、希望したわけではないのに！　対雁に行かされたのも、色丹島に行かされたのも、アイヌの希望ではなく、強制移住だったことを指摘すべきだ！

（じい）そもそも、アイヌモシㇼを日ロで分割したのが、悲劇の大本ではないか。いいかい、ここでも確認しておくよ。「北方領土」は「四島返還」の国策だけを信じていたら、見えないからね。北海道、全千島、サハリン島のアイヌモシㇼ全体を見なくてはならない。

（ウパシ）サハリン南部は、ポーツマス条約で日本領になりますね。樺太アイヌはどうなっていくのですか。

（じい）対雁に移住させられた人たちの大部分がサハリン島に戻った。しかし、元にいた地に戻れることはなく、国策で決められた地に集住させられた。

（ノンノ）あいかわらず、強制移住ですか。国は樺太アイヌをどこまで翻弄するのですか！

5　北海道「舊土人保護」法の成立

（じい）「地所規則」「北海道土地売貸規則」により、和人１人に対し、10万坪までの土地が与えられ、「北海道土地払下《はらいさげ》規則」（１８８６年）により、１人10万坪以上の土地を与えることも可となり、「北海道国有未開地処分法」（１８９７年）には１人１５０万坪までの土地を払い下げられることになった。

（ウパシ）確か、「地所規則」「北海道土地売貸規則」の対象には、アイヌの人たちは入っていなかったはず。それに１坪は3.3㎡だから、10万坪は33万㎡。１５０万坪はエーット、オー、４９５万㎡。（電卓を出して）たて2.2㎞、横2.2㎞の広さじゃないですか！

（ノンノ）アイヌ民族はアイヌモシㇼという大地を奪われ、アイヌの文化を奪われ、日本語を実質、強要され、サケ漁・シカ猟などの生業を奪われ、あるいは強制移住させられ、北海道の大地は和人に払い下げられ……。アイヌ民族は土地・資源・領域、そして文化を奪われたのですね。

（じい）そのため、アイヌの人たちの中には、困窮を極め、餓死者まで出る状態になった。

（ウパシ）これは、国により引き起こされた差別でしょ！

（ノンノ）２００８年の衆参両院の『アイヌ民族を先住民族とすることを求める決議』のとき、「我が国が近代化する過程において、多数のアイヌの人々が、法的には等しく国民でありながらも差別され貧窮を余儀なくされた」とあるけれど、これ、問題ですね！

（ウパシ）「余儀なく」って、前に「他に方法はない。やむを得ない」という意味だとも言っていたよね。差別も貧困も、やむを得ないこと？
（ノンノ）しかも、全然、法的には等しくはないし、「余儀なく」ではない、差別され、こういう状況に追い込まれたのよ。
（ウパシ）生命まで奪われる事態に、日本政府は何も対処しなかったのですか？
（じい）「狩猟の民」から「農耕の民」への移行を促すために、北海道「舊土人保護」法（1899年）を制定したことになる。
（ウパシ）政府もたまにはいいこともしたということですか？
（ノンノ）そんなことない、和人にいい土地を与えた後に、残った「未開地」を「下付」したと言うのだから。
（ウパシ）この法は「法的には等しく国民」にしたものですか？
（じい）・・・・アイヌ一戸に当たり、1万5000坪までの未開地を農耕目的に限って「下付」、そこで獲得した土地も、相続以外に譲渡はできない、15年たっても開墾しなければ「没収」ということになる。和人に比べ、明らかに不利だね。
（ウパシ）和人に対し、ずいぶん差別されているね！
（じい）この法律が、1869年以来、続いていたアイヌの「北海道開拓」の「一つの到達点」になった。しかし、『有識者懇』報告では、勘違いしやすい点がさらに1点ある。

（ウパシ）それは何ですか？

（じい）北海道「舊土人保護」法の第1条は「土地（農耕地）の無償下付」なのだが、運用面では「農耕地」ではなかった。北海道「舊土人保護」法施行規則（内務省令第五号）には「未開地」となっている。それを『有識者懇』報告では、この第1条を示したり、「土地」と記載している。それでは「農耕地」を「下付」されたかのような誤解を生む可能性がある。あくまでも、和人に使い勝手のいい土地を与えた後の土地（未開地）を農耕地目的に限って「下付」したのである。

（ノンノ）『有識者懇』報告では、この法律について、「当時のアイヌの人々の生活状況等をめぐる諸問題について一通りの対策を示した」と書いています。

（ウパシ）そのまとめは問題です。同化を前提にした一通りの対策を示したと言えます。

（ノンノ）それから、北海道「舊土人保護」法により、小学校（いわゆる「土人学校」）が設置され、日本語が教えられ、理科や地理は教えられず、和人の修学年間が6年になっても、アイヌは4年間だとも言っています。「アイヌ学校」については事実のみを示し、解釈はしていませんが……。

（じい）北海道「舊土人保護」法は、和人に比べて不利な条件で、「開拓」の国策に合わせて、アイヌ民族を狩猟民族から、農耕の民にしようとした法律であること。アイヌ学校はアイヌ文化やアイヌ語を無視し、和人に同化する場になったこと。さらにこの法律は北海道のアイヌ民族にのみ適用され、樺太アイヌには、こうした法律さえなかったこと。こうした歴史評価を示さなければ、現代の先住権から見て、この法律は何だったのかという見方にはならない。

（ノンノ）少なくとも『有識者懇』報告は、その「はじめに」にあるように、「『先住民族の権利に関する国連宣言』における関連条項を参照しつつ、これまでのアイヌ政策をさらに推進し、総合的な施策の確立に取り組む」と言うならば、北海道「舊土人保護」法が先住権を視点にしたときに、アイヌ民族にとって、どういうものであり、どういう影響を与えたかを示さなければならないということですね。

（ウパシ）どうして、この法律について、そういう判断を示さないか、オレ、わかる気がするな。先住権の視点で、この法律を見たら、日本の国がアイヌの生業を奪った後に、不利な未開地を「下付」したこと、アイヌ学校という存在が民族の文化や言葉を奪ったことがはっきりわかってしまうもの。そうなれば、その復権を果たす責任は国になってしまうからね。

（ノンノ）『有識者懇』報告の立ち位置は「先住民族であるアイヌの文化は深刻な打撃を受けた」だけであり、北海道「舊土人」保護法にしても「アイヌの人々の窮状を十分改

（ウパシ）善するには至らなかった」ということで抑えている。「お上手」だね。もちろん、国に責任が行かないように忖度するという、皮肉を込めて言っているのだが。

（じい）この法律の体制はさまざまな変遷をしながら、1997年まで約100年間続いたんだ。

6 用語の問題

（ウパシ）「土人学校」の「土人」という語、前に差別語だと言ったよね。

（じい）「土人学校」は通称で、正式な言い方ではない。前にも言ったが、「土人」とか「旧土人」の本来の意味はともかく、この語は和人が差別語として使ってきた。それを知った上で「土人」や「旧土人」という単語をどう使うかということだが、北海道「舊土人保護」法という語は、正式の法律名なので「旧土人保護」と使用することはやむを得ない。私は「旧土人保護」とは思っていないという意味を込めて、「」付きにしているが。しかし、通称の「土人学校」は「アイヌ学校」でいいよ。

（ウパシ）用語の使い方も、一つ一つ気を付けなければいけないんだね。まして、アイヌ民族が差別を受けてきた用語は、本当に気を付けなければならないね。

（ノンノ）他に、どのような語に気を付ければいいですか？

（じい）「アイヌの酋長」は「アイヌの首長」、「アイヌネギ」は「ギョウジャニンニク」、「シャクシャインの乱」は「シャクシャインの戦い」などかな。

それから、顔立ちとか、体質で差別されることもあるんだ。それは欧米人の中に、青い目や金髪の人がいる、東アジアの子どもに蒙古斑が見られるというようなことに過ぎないのに。人格とは全く関係ないことだからね。

だけどね、時代によって気を付ける語が変わることもあるんだ。

（ウパシ）どういうこと？

（じい）アイヌ民族は「アイヌ」と言う言葉自体を差別語として、和人に罵倒されてきた。「アイヌのくせに」「アイヌだから」「ア、犬」というように。その結果、アイヌという語は避けられ、ウタリ（「仲間」の意味）と自称するようになった時期がある。また、高名なアイヌ民族学者・知里真志保は、アイヌはもういない、アイヌ系日本人がいるだけだと言ったことがある。差別し、同化を強く求めた時代のことだ。この時代は「アイヌ」と呼ぶことさえ、はばかれた。

（ウパシ）しかし、今は違うね。アイヌは民族呼称だし、「神」（カムイ）に対する「人」（アイヌ）

なのだということが広まり、「アイヌ民族」と名乗り、国民がそう呼ぶことが自然になったものね。

（ノンノ）ネット右翼の中には、知里真志保が「アイヌ系日本人」という語を使ったことを「鬼の首」を取ったように、「アイヌ民族はいないのだ」と攻撃する人がいるね。

（じい）知里真志保だって、当然、時代の限界があるし、その時代がいかに同化を前提にした時代だったか、その中で知里がどう苦悩し、闘ったか、そういうことを見てほしい。その攻撃は自分の都合のいい所だけを取った、知識のつまみ食いだよ。

（ウパシ）それは当然、私たちにも時代の限界があるということだよね。

（ノンノ）その通りだと思う！　私たちが「正義」だとは思わない謙虚さが必要だと思う。私たちの日々行っていることは、あらゆることが後世の歴史評価を受けることなのよ。しかし、それは『有識者懇』報告のように、国に責任が及ばないように忖度した文を書いたり、ネット右翼のように、アイヌ民族を攻撃することを生きがいにするのとは違うわ。

7　近文《ちかぶみ》事件

（ウパシ）近文って、現在の旭川市内にありますね。
（ノンノ）近文事件って、どういう事件ですか？
（じい）１８９５年、三つの村のアイヌ（36戸）が近文に移住させられた。ところが、この近くには、軍隊の拠点（第七師団）がつくられることになり、近文の土地の価格が高騰することが予測できた。
（ウパシ）アイヌの住む土地の値段があがる！　今までのお話では聞いたことがないことだね。
（じい）そこで、陸軍大臣・桂太郎、園田安賢・北海道長官と、政商・大倉喜八郎は、この土地を近文アイヌから取り上げ、大儲けし、アイヌを天塩《てしお》に移住させることに決めた。
（ウパシ）まるで、水戸黄門の「悪代官と御用商人」を見ているみたいだ。
（ノンノ）これはアイヌがやられるパターンになってしまう。１８９５年と言えば、アイヌ学校はまだない。日本語を書ける人など、ほとんどいない上に、政府の大臣・北海道の長・大商人にタックルを組まれたら、ひとたまりもないわ。アッ、桂太郎って、桂園時代のたしか１９００年代の首相で、安倍晋三以前では最長の内閣だったはず。

（じい）　ところが、近文アイヌは抵抗した。石狩の浜益《はまます》のアイヌ・天川恵三郎らが味方し、1932年までの30年間、旭川町が土地を「保護」することで決着が付いた。

（ウパシ）　天川って、何者？

（じい）　小樽で生まれ、小樽の最初の学校を卒業して、日本語の文も堪能だった。天川は裁判に訴えたり、中央政府に訴えたりした。「開拓期」の小樽には、「アイヌの子どもが日本語を学んでいる」と宣伝され、大隈重信や西郷従道《つぐみち》など、明治維新の立役者も視察に来たらしい。天川はそのつてを利用したようだ。

（ウパシ）　アイヌ民族が大地を奪われ、文化を奪われ、生業を奪われ、不利な「未開地」を「下付」され、言葉も奪われる。アイヌ悲史そのものだと思っていましたが、日本語を学ぶことが役だったではありませんか。

（ノンノ）　と言うよりも、これは新たなアイヌ史のステージに入ったということかな。裁判や言論に訴える、権力者に言うべきことを主張する、そうして奪われる、あるいは奪われようとしている権利を取り戻すということだからね。もう、シャクシャインの戦いのような武力闘争でもなく、国策にやられっぱなしでもないということだよね。

（ウパシ）ところで、天川は小樽出身なのに、なぜ、石狩の浜益にいたの？

（じい）現在の南小樽駅附近に小樽の市街地ができると、オタルナイアイヌは（北小樽の）手宮《てみや》の厩《うまや》地域に移され、次にその周辺に北海道初の鉄道が敷かれると、そこも追い出され、浜益に移住させられたんだ。

（ノンノ）ウーン！　言葉がないね。

（ウパシ）近文アイヌの移住に抵抗した天川の想いには、自らの経験もあったのか！

（じい）ただ、天川のやり方をめぐって、近文アイヌの中で対立が起きることもあり、天川を英雄に祭り上げることはいけない。あくまでも、アイヌの復権を進めた一人の人物として、その限界も評価しなければならない。

（ウパシ）30年たって、近文の土地はどうなったのですか？

（じい）再び、近文「給与」予定地の問題が浮上した。今度は近文アイヌの荒井源次郎らが警察に尾行されながらも活動し、1934年、一戸に付き、1町歩、他の4町歩は和人に貸すということで決着した。

（ノンノ）ところで、じいさん！　この事件、『有識者懇』報告には触れられていないよ。

（じい）『有識者懇』報告には、前近代には日本以外との交流について、意識的に記載されていないけれど、近現代に関しては、民族の復権を求めての闘いについては、意

（ノンノ）識的に記載しない。

それどころか、「地所規則」のところで、１９１６年のアイヌの識字率が30％（40歳以上に限れば３％）ということを取り上げているのに、それより20年も前の近文事件で、日本語による言論を使って、権力の不正をただした事件を取り上げないのだから……。これ、ひどくない！

8　大正デモクラシーとアイヌ民族の復権運動

（ウパシ）大正デモクラシーと言えば、「普通」選挙運動、女性解放運動、被差別部落の解放運動、労働運動、小作争議……ですね。

（じい）このころ、アイヌ教育に情熱を燃やす人物も現れた。小谷部全一郎や白井柳治郎は胆振の虻田で、吉田巌は帯広の伏古《ふしこ》で、江賀寅三は日高の新平賀《しんひらが》で教育に携わった。永久保秀二郎は釧路の春採《はるとり》で30年教員をし、その教え子には山本多助さんがいる。

（ウパシ）アイヌの人たちは、言論を用いて、民族の想いを表現できるようになったのですね。

（じい）そういう風潮の中で、アイヌの人たちも立ち上がった。

山辺安之助は日露戦争に「協力」して勲八等に叙せられ、南極「探検」にも参加した。山辺は自らの半生を『あいぬ物語』（1913年）に、日本語・アイヌ語（カタカナ）併記で記した。

武隈徳三郎『アイヌ物語』（1919年）は、アイヌの風習、宗教観を、アイヌ自身の手で紹介した。

さらに、知里幸恵《ちりゆきえ》『アイヌ神謡集』（1923年）は、アイヌの口承伝承13編を、アイヌ語（ローマ字）と美しい日本語訳で紹介した。

（ウパシ）知里幸恵は、アイヌ史の中では、シャクシャインとともに、超有名人だ。中学校の歴史教科書にも出て来る。何せ、『アイヌ神謡集』の原稿を校正し、ほぼ完成しただろう日、19歳で急死したのだから。あまりの若さと、あまりのドラマチックさ、そして、「開拓」期以来、和人によってつくられた「未開なアイヌ文化」というイメージを、美しいカムイ・ユカㇻ（神謡）の世界、自然と共生の世界というように転換した、これはアイヌ文化の見方の転換地点でもありますね。

（じい）知里幸恵の『アイヌ神謡集』については、最終日の7日目に、集中して取り上げるつもりだ。

（ノンノ）しかし、『有識者懇』報告には、これらの人たちの名前が一つも出て来ないね。「ア

イヌの文化は深刻な打撃を受けた」と言いながら、文化の復権に注目しないから
なあ。

（じい）この後にも言えるのだが、『有識者懇』報告は、アイヌの復権活動自体を紹介する
のを、極めて嫌がる傾向にある。『有識者懇』報告を作成したアイヌ学者、アイヌ
民族のメンバーは、その政策を超える活動をする人々、世界レベルの先住権を主
張する人たちの、足を徹底して引っ張っていく（第7章・第8章参照）。そうした
表れが、すでに『有識者懇』報告にも示されていたとしか言いようがない。

（ウパシ）アイヌの復権は国が与えてやるもので、自ら闘い取るものではないと思っている
のだろうなあ。

（じい）じいさん！　かれらは本来どういうスタンスで行動すべきだと思う？
政府の政策を作るのだから、いろいろな力関係が働いて力が及ばないことだって
あるに違いない。そのときは、「ここが限界だった」と言い、さらに先住権を進め
ようという人たちに、自分達が達成できなかったことだから、進んで力になるぞ
という態度で臨むべきだろうな。あるいは、どうしても、妥協できない一線には、
「『有識者懇』をやめさせてもらう」という覚悟と決断も必要だ。少なくとも、自分
たちの決めた限界に異を唱えるなと言って、弾圧する側になってはいけない。

（ノンノ）このアイヌ民族の復権の流れを聞いて、知里幸恵がいきなり登場したのではない、その前任者がいたのがわかりました。それぞれが、和人から習った日本語を使って、同化政策の流れではない、アイヌの存在を訴えている。しかし、山辺、武隈、知里幸恵と、個人の作品、個人の活動ばかりですよね。

（じい）そこで、さらに、次のステージへと進む。

1920年代後半になると、詩人・違星《いぼし》北斗がアイヌ民族の自立を訴え、各地を訪ね歩いた。そして、十勝地方で互助組合・「十勝旭明社」がつくられ、それが母体になって1931年、和人の喜多章明が呼びかけ人になり、北海道アイヌ協会がつくられた。十勝では吉田菊太郎という人の行動が大きかった。

（ノンノ）ワーッ、北海道アイヌ協会か！　すごいね！

（じい）いや、そもそも同協会の長が和人の喜多章明であることの他に、その組織の実態にも、極めて疑問が持たれている。

（ウパシ）名前だけの組織で、実態がなかったと言うことですか？

（じい）まあ、そういうことだ。ただし、私はそこまで、実態がなかったとは思ってはいない。戦後の北海道アイヌ協会と比較するから、実態がないように見えてしまうのだ。名前は同じでも中身は別ものと見ればいい話だ。結果、その機関紙『蝦夷の光』は全道のアイヌの意見交換、交流の場になった。今まで、地域ごとで活動し、つながっていなかったアイヌの活動、個人の発表だったアイヌの活動が、民族として意見を交流し、訴えていくようになったということは決して小さなことではない。同年、この北海道アイヌ協会誕生とつながっていると思われるのだが、イギリス宣教師・バチェラーの呼びかけで、全道アイヌ青年大会が開かれた。こういう大きな盛り上がりがあって、1937年に北海道「舊土人保護」法も大幅に改訂され、アイヌ学校が廃止された。

（ノンノ）差別的な制度だったアイヌ学校の廃止は、アイヌ民族が訴え、勝ち取った一つの成果と言っていいのですね。

（じい）そうなのだが、和人とアイヌの子どもが通う、いわゆる「普通の小学校」はアイヌの子どもにとっては、差別で苦しむ場になった。社会全体がアイヌ民族を、朝鮮人を、中国人を……、つまり日本が領域を広げた地域の人たちを差別しているのだ。その大人の悪しき認識は、直ちに小学校でのアイヌの子どもへの差別とつながる。この学校での差別は、戦後になっても続くことになる。

なお、大正デモクラシー期の事件で、日ロ関係で一つ確認しておいてほしいことがある。それは、ロシア革命が起き、日本を中心とする列強はロシアの内政干渉のため、一方的にシベリアに侵攻した事実もおさえてほしい。このとき、日本は北サハリンも占領し、東部シベリアまで侵攻したんだ。これは「シベリア出兵」と呼ばれている。アジア・太平洋戦争の最後期にソ連（ロシア）がサハリン・千島列島を侵略し、その事実をもって、ロシアは昔から加害国のように見る人もいる。そんなことはない、日本もロシアが相手国が弱り切っているときに侵攻する、国はこういうどうしようもない性を持っているから、国の言う「正義」を「もう信」してはいけないということだ。

9　アジア・太平洋戦争と敗戦

（ノンノ）『有識者懇』報告の歴史は、大正デモクラシーの時期の、説明で終わっている。歴史が百年前で終わるって、どういうことですか！

（ウパシ）それも、大正デモクラシーの時期の、民族の復権はなぞった程度の扱いだから、実質は明治の北海道「舊土人保護」法（1899年）で終わっていると言える。

（じい）アイヌ民族への同化政策に対し、復権を求める歴史などないと言うことなのか！

（ウパシ）ウーン、これは大いなる問題だな。

（ウパシ）『有識者懇』報告をまとめた人って、どういう人か、全員の名を教えてください。だれもアイヌ史が一八九九年で終わることに疑問を持たない人ばかりなのですか？

（ノンノ）それは調べればわかるわ。座長は佐藤幸司（憲法）、安藤仁助（世界人権問題センター）、加藤忠（北海道アイヌ協会理事長）、佐々木利和（歴史学〜アイヌ史）、常本照樹（憲法、北大アイヌ・先住民研究センター）、高橋はるみ（北海道知事）、遠山敦子（元文科大臣）、山内昌之（歴史学）の各氏、これで全員です。

（ウパシ）りっぱな肩書を持った人たちばかりでしょ。それで実質、19世紀で歴史が終わるなんて、信じられないな。１８９９年って、日露戦争前でないですか！（歴史年表を見て）世界史では義和団事件、日本史では勝海舟が亡くなった年ですよ。あり得ない！

（ノンノ）ここでは、当然、北海道「旧土人保護」法の改訂（１９３７年）の後の歴史も、いっしょに考えさせてくださいよ。

（ウパシ）フー！もう、大丈夫だよ。

（ノンノ）ウパシ、ちょっと落ち着いて！

（ノンノ）１９３７年と言えば、日中戦争が起こった年ですね。

（ウパシ）１９３１年に満州事変、37年に日中戦争、41年に「太平洋」戦争、45年に終戦か。
（じい）これらの言葉を少し、整理しておく。まず、１９４５年の終戦は敗戦としよう。そして、１９３１年の満州事変から１９４５年の敗戦までを、アジア・太平洋戦争と呼ぶことにする。
（ウパシ）一続きの戦争と見る、また、「太平洋」戦争ではアメリカとの戦争しかイメージしていないからね。それから、その戦争の結果が日本の敗戦だということですね。
（じい）日本帝国は、近代になって以来、アイヌモシㇼの植民地に始まり、琉球王国の植民地、台湾の植民地、南樺太の植民地、大韓帝国の植民地と、拡張政策を続けた。その最後の拡張政策がアジア・太平洋戦争によるもので、中国の主要都市を中心にした一方的な侵略、東南アジアや太平洋地域における欧米列強の植民地を奪う戦争になった。
（ウパシ）そうか！　アジア・太平洋戦争は単なる中国や東南アジア、太平洋地域の戦争というだけではなく、アイヌモシㇼ侵略に始まる日本の植民地政策の最後の戦争と言う位置づけもできるのか。
（ノンノ）根強い差別の中にあって、アイヌの人たちは「日本国民として和人と対等にしてほしい」と訴えてきて、１９３０年代に、やっとアイヌと和人の混合教育が実現した。さらに樺太アイヌも日本国籍を持つことができた。

（じい）そうした時期に、アジア・太平戦争を起こし、アイヌの人たちも日本国民として、この侵略戦争に借り出された。１９４５年、その日本帝国は敗戦し、北海道「開拓」以来、続けられてきた植民地獲得の歴史は終わった。
（ノンノ）アイヌモシㇼを日ロで分割して以来、植民地獲得戦争を続けてきた日本帝国の歴史が、ここで終わったのか。
（ウパシ）朝鮮半島は米ソに引き渡され、中国の占領地は元の持ち主へ、台湾や、樺太・千島の支配も放棄した。朝鮮半島はアメリカから韓国へ、ソ連（ロシア）から北朝鮮へと渡され、北朝鮮がいきなり侵攻、朝鮮戦争という米ソ代理戦争になっていく。台湾は、中国本土で国民党・共産党が内戦を起こし、敗れた国民政府が占領した。樺太と千島は未だに日本とロシアで平和条約を結んでいないが、ロシアが実効支配している。何せ、ソ連（ロシア）は日本が敗戦する1週間前に突然、日ソ中立条約を破棄し、侵攻し、北千島に至っては、昭和天皇がポツダム宣言を受け入れて降伏した（8月15日）後になって侵攻してきたのだから。
（じい）サハリンや千島列島の日本国民は理不尽な攻撃を受け、それが「国境だ」と言われて、ロシアの論理を押し付けられているのが現状の領域だ。

（ウパシ）日本が弱り切っているときに攻めてきて、降伏した後も侵攻する。今まで、日本も似たようなことをアイヌ民族や琉球民族、朝鮮民族、台湾人、中国人、ロシアに行ってきたかもしれないが、それでも国民感情としては納得できないね。
（ノンノ）色丹島に強制移住させられた千島アイヌ、日本領だった樺太アイヌはロシアが実効支配し、大変なことになりましたね。
（じい）多くは日本に移住してくるが、千島アイヌの子孫を名乗る人は、公式上はいなくなった。また、国は、樺太アイヌを先住権の対象として認めていない。
（ウパシ）だけど、オレはここまで学んできたから、わかることがある。北海道と沖縄も、もともと日本帝国の植民地だよね。
（じい）そのうち、沖縄は１９７２年までアメリカに占領され、北海道はアイヌに返されず、そのまま、日本の一部として存在している。
（ウパシ）アイヌ民族には国家がなかったから、最初から度外視ということか！　近代アイヌ史を学ぶとは、国家がかれらから何を奪ったかを知ることでもある。
（じい）その問題は先住権そのものになるから明日話し合おう。年寄りは疲れた。ちょうど、きりがいい。今日はおしまいにしよう。

第4日目　「現代」

第6章 「現代」アイヌ文化期

1 「同化こそ幸せ」の圧力

（ウパシ） ピンポーン！　四日目の学びです、じいさん、頼みます！
（じい） おー、入れ！
（ノンノ） いきなりだけど、「現代」って、いつからかを、言っている？
（ウパシ） 日本史では、アジア・太平洋戦争の敗戦から後ですね。
（じい） それじゃ、80年近くも「現代」か。長過ぎはしないですか？
（ウパシ） ウパシの疑問は、まったくもって、的を射ている。しかし、ここで歴史の時代区分論を行っても、アイヌ史を考えたいという話からずれてしまうので、やめておく。まず、日本史でいう「現代」がとても長くなっているということだけ、おさえてほしい。そして、それを踏まえて、戦後を「現代」アイヌ文化期とおさえておく。
（じい） わかったよ。ただ、じいさんは、本当はいつからアイヌ民族にとっての「現代」だと思っているの？

（じい） 1984年だよ。しかし、それは後の話に取っておく。

（ウパシ）現代史って、今の自分に最も関わるから大事だと思うけれど、ほとんど学校では習ってきませんでした。

（ノンノ）小学校の歴史では、ほとんど扱わない。中学校の歴史は政権の誤りについては触れたがらない、高校は受験に取った人だけが学ぶという状態だねえ。

（ウパシ）政権批判になったら困るから扱わないというのが見え見えなのって、おかしくはないですか！

（じい）現状を批判し、よりよい社会を考え、創っていくために歴史を学んでいるのに！

（ノンノ）『有識者懇』報告では、「アイヌの人々の現状とアイヌの人々をめぐる最近の動き」という項目を示し、現代のアイヌ民族について、取り上げています。

①アイヌの人々は、他の日本人と同じ地域で共に暮らしていること。

②衣食住などの日常生活も、他の多くの日本人と変わらない様式であるし、アイヌ語を使用する機会もほとんど見られないこと。

③学校や就職で差別があって、北海道は福祉向上の政策を取り組んできたこと。これらは、北海道外には施策が行われていないこと。

④アイヌの人々が伝統的な儀礼や文化の復興のために活動している。

（ウパシ）80年もある現代史を、わずかこれだけでまとめてしまうのか？　歴史を直視する気が1ミリも感じられない！

まずもって、①は国策のもと、和人がアイヌの大地を奪ったせいではないか。②もアイヌの生業を奪ったせい、学校で日本語を強制したせいではないか、③は福祉政策だけではないか、④は文化の復興しか、アイヌ民族は復権を求めていないのか。つくづく思うね。日本の国の責任に頬被りをし、アイヌ民族の復権を「文化の復興」に限定し、閉じ込めていこうという「お上」の御威光を組んだ報告だと。

（ノンノ）これ、そもそも、敗戦後80年間のアイヌ史じゃないですよね。80年間の歴史はどうなっているの？　じいさん、報告書ではまったく触れられていない、戦後のアイヌ史をかいつまんで説明してよ。

（じい）戦後の日本の領土は、大まかに言うと、北海道以外の植民地をそれぞれの持ち主に返したことと、沖縄は（1972年まで）アメリカが占領したということになる。前にも言ったが、これは大まかな言い方で、朝鮮半島・台湾・サハリン・千島列島には、それぞれに固有の問題を抱えているが。

（ウパシ）北海道はアイヌ民族に返す話はなかったのかい？

（じい）一度だけ、アメリカ軍のジョセフ・M・スウィング少将と、椎久堅市らの間で、アイヌの独立の話があった。しかし、これはアイヌ側が断った。というよりも、ア

郵便はがき

63円切手
を貼って
投函して
下さい

0 8 5-0 0 4 2

釧路市若草町3番1号

藤田印刷エクセレントブックス

平山裕人著『アイヌ民族の現在、過去と未来!』

編集部 行

■ご芳名《ふりがな》

（　　　才）
男・女

■ご住所〈〒　　　-　　　〉

■メールアドレス：

■ご職業

■今までに藤田印刷エクセレントブックスの単行本を読んだことがありますか

①ある（書名：　　　　　　　　　　　　　　）

②ない

21.11

アイヌ民族の現在、過去と未来！愛読者カード

ご購読ありがとうございました。お手数ですが下記のアンケートにお答え下さい。また恐れ入りますが、切手を貼ってご投函下さるようお願い申し上げます。

■お買い上げの書店

◉書店：地区（　　　　　　）店名（　　　　　　　　　）

◉ネット書店：店名（　　　　　　　　　　　　　）

■お買い上げの動機

①テーマへの興味　②著者への関心　③装幀が気に入って

④その他（　　　　　　　　　　　　　　　　　　）

■本書に対するご感想・ご意見をお聞かせ下さい

■今後、どのような本ができたら購入したいと思いますか

ご購読、およびご協力ありがとうございます。このカードは、当社出版物の企画の参考とさせていただくとともに、新刊等のご案内に利用させていただきます。

イヌ民族全体の議論にはしなかった。

一方、１９４６年2月、北海道アイヌ協会の創立総会が静内（新ひだか町）で開かれた。

（ノンノ）静内はシャクシャインの戦いの拠点だものね。ここで開催の意味は大きいですね。

（じい）しかし、北海道庁の役人や北大から、たくさんの来客が呼ばれたらしい。

（ウパシ）北大頼みで「権威」を付ける、役人が認める範囲の活動、ウーン、ガンディーや孫文の活動から見ると、あまりに線が弱いな。

（じい）今はこのとき以上に、北大と政府の役人への「協調」ばかりが目立つが、後で述べる一時期は、先住権を求めてすばらしい活動を進めた時期がある。そして、この時代も、実は北海道「旧土人保護」法で「下付」された農地を、占領軍の進める農地解放から守ってほしい、新冠《にいかっぷ》「御料」牧場に住むアイヌが土地を奪われようとする状況に、ストップをかけようと活動している。

（ウパシ）この二つの問題はどうなったの？

（じい）北海道「旧土人保護」法で「下付」された土地は、農地解放の例外にはならなかった。一方、「御料」牧場の問題は成功した。

ところが、この後、北海道アイヌ協会の活動は、しばらく、見えない。キーポイントは「同化」という言葉だ。

(ノンノ) アイヌ民族は「滅びゆく民族」だ、「同化」して早く和人になれということですね。

(じい) 当時は、アイヌ民族はもういない、同化の途中のアイヌ系日本人がいるだけだとまで言った。これを主張したのは、民族意識を強く持っていた知里真志保《ちりましほ》だが、当時の世相を示す言葉とも言える。多くのアイヌの人たちは学校・就職・結婚を中心に差別を受け続け、アイヌであることを隠し、「同化」がそれを解決する道だと思うように仕向けられた。そういう時代の中での知里真志保の落胆、あるいは時代の限界を感じる用語だね。

(ウパシ) 自分の存在自体が否定されたような、重苦しい時代ですね。

(じい) 北海道アイヌ協会の総会で結城氏が提案し、名称を「北海道ウタリ協会」と変えた。「アイヌ」という語がいかに自分たちの生存を苦しめているか、「同化こそ幸せなんだ」と思わされてきた実態、実際にアイヌとして生きて、いかにつらい思いをしてきたか、そういうことを考えなければ、この時代のアイヌ民族の思いは理解できないのだろう。

(ノンノ) 「北方領土」については動きがありますね。1956年に日ソ国交回復して、将来、平和条約を締結するときは、歯舞諸島、色丹島の二島を返還するというものです。

（じい）日本は南千島返還が本音だったけど、交渉には相手がいる。しかも、日ソが近付くことを警戒するアメリカによって、二島返還もなかったかのように、日ソは対立していった。

2　1970年前後の新たな潮流

（じい）1968年は、明治から数えて百年で「明治百年記念事業」が進められ、北海道「開拓」からも百年とされた。佐藤栄作内閣での「明治百年記念事業」は準備委員会に、戦前のファシストの安岡正篤《まさあつ》、「紀元2600年祝典」の飯沼一省《かずみ》、神武天皇実在論の林房雄らを迎えた。

（ノンノ）こんなことをやるから「国にお任せ」なんかできないのよ。憲法で、自由や権利は「国民の不断の努力によって、これを保持しなければならない」（第12条）と言うこと、身にしみるわ。

（ウパシ）北海道「開拓」開始は1869年、北海道「開拓」99年が正しいものね。明治百年に便乗したということか！

（じい）「北海道百年」を記念して、北海道史が編纂され、北海道「開拓記念」館、「百年記念」塔が建設され、各市町村でも「開基〇〇年」記念祭、各市町村史作りがブームになった。これらの史料集の編纂には、アイヌ史研究者の高倉新一郎さんが活躍した。「未開の大地」に、和人たちが汗水垂らして鍬《くゎ》を入れ、こんなに「発展したんだ」という歴史認識、それを「開拓史観」と言っている。しかし、現代に生きる君たちには、ここに明らかに欠けている視点がわかるね。

（ウパシ）先住民族・アイヌ民族の視点がない！

（ノンノ）さらに言えば、「明治百年」だって、アジア侵略の視点がない！

（じい）そうだ！　そこなんだ！　今、「開基〇〇年」ではなく、「開村（町・市）〇〇年」という表現にするのは、その前から生きてきた人たち（先住民族）がいるという理由によるものだ。

（ウパシ）この視点に気づいた人はいるの？

（じい）太田竜という人が、日本帝国主義を消耗させる革命を夢見て、アイヌ同胞は、和人に対する反逆ののろしをあげると言う論を主張した（「辺境」革命論）。

（ノンノ）戦後の日本がアイヌモシㇼと琉球という、「本土」以外の地域を支配しているという視点は正しくても、言っていることは暴力的・破壊的で、しかもリアリティがない、こんなこと、真っ当に考えていたなど、あり得ないと思いました。

（じい）　さらに、東アジア反日武装戦線を名乗る集団による、１９７２年10月、北大文学部アイヌ資料ケース爆発、旭川風雪の群像の爆破、75年７月の道警本部内爆破、76年３月の道庁爆破と、爆破事件が続いた。生命を奪う、文化財を奪うという前提は全く容認できないが、これらの事件がアイヌ史から抹消されているのは、歴史の隠蔽になる。日本史で、朝鮮王妃（閔妃）暗殺事件は、ほとんど取り上げられない。日本が朝鮮半島を侵略した象徴的な事件なのに、外国の王妃を殺すなど日本の特大級の汚点だからね。都合の悪い事件は取り上げない！

（ウパシ）　この爆破事件は、人々の見方を変えさせたのですか？

（じい）　命を奪うことを憎みながら、北海道はアイヌの大地だったのに、日本が侵略したものだという主張が国民の中にも、芽生えはじめていった。しかし、これらの犯行がアイヌ民族によるものではないかと疑われることもあり、旭川アイヌ協議会がつくられた。

１９６８年の「北海道百年」は、「開拓万歳」の記念なのだが、「開拓」はそんなにすばらしいものだったかと、「開拓の負の歴史」に目を向ける歴史教育も現れた。小池喜孝さんが旗揚げをした民衆史掘り起こし運動で、先住民族のアイヌやウイルタの存在、開拓の犠牲になった「囚人」労働、タコ部屋労働、朝鮮人・中国人などの外国人強制労働の史実を明らかにした。そこでは、奪われた側、侵略された側が口を開き、奪った側、侵略した側も口を開き始めた。

（ノンノ）これらは主に和人側の働きかけですね。アイヌの側からの発信はなかったのですか？

（じい）ヤイユーカラ＝アイヌ民族学界が「自然生活の知恵に学ぶ集い」を始め、さらに1980年代になると、萱野茂さんがアイヌ語塾をつくった。1982年には、北海道ウタリ協会の指摘で、北海道教育委員会（道教委）が各市町村の社会科副読本のアイヌ記述の間違いを点検させ、さらに文部省検定教科書にもアイヌ史への歪曲・無視があるとして、道教委に申し入れるように提案した。ここから約20年間、ウタリ協会はアイヌ民族の先住権を求めて、すばらしい活動を示す。

（ウパシ）アイヌ民族は滅びゆく民族、早く「同化」した方がいい、日本は単一民族だという流れが、確実に変わっていったね。

（じい）1969年に「アイヌ学」学者たちの総力をあげて、『アイヌ民族誌』というアイヌ民族を研究する総合研究書が出版された。ところが、チカップ美恵子さんが自分の写真を無断で使われたとして、裁判を起こした（1985年）。これは、肖像権裁判とは言うが、肖像権に限られたものでなかった。それまでの人権を無視してきたアイヌ学研究のあり方、アイヌ民族は同化するべきという前提の社会のあり方に、徹底的に反論をしたものだった。

（ノンノ）時代が大きく変わって行くのがわかる！

（じい）ただ、この裁判のときは、人権を無視した大部分の「アイヌ学」研究者は亡くなっていて、文献史学の高倉新一郎さんが人権を無視した研究者たちの批判を一身に受けなければならなかった。高倉さんの研究は、一時代前の、同化が正しいという時代のものだが、碩学の大儒として功なり、名を成した人物だった。高齢の中、すべての研究者の代弁をしなければならない、しかもこの年齢で今までの視点を変えろというのは、はたして、高倉さんに新しいアイヌ民族の息吹を感じることができたのだろうかと思う。

さらに、高度経済成長期という時代と、北海道内での差別があって、アイヌの若者たちは首都圏に就職・移住する人が増えた。1972年に宇梶静江さんが朝日新聞に集いを呼びかけ、翌年、東京ウタリ会を結成。すでにあったペウレ・ウタリの会と、後に関東ウタリ会、レラの会がつくられ、首都圏のアイヌ民族が活動を始めた。

（ウパシ）それにしても、『有識者懇』報告、この間の史実をいっさい、書いていないね。

3 「神の国」日本と、アイヌ民族

（ノンノ） 1980年ころまで、日本国民は単一民族だ、アイヌ民族は同化に向かっている「滅びゆく民族だ」と思われていたのですね。

（じい） この考えは、単なる誤解だったら、「違うよ」と言えばいいのだが、右翼思想の根底とも、ぶつかるので、問題なのだ。

（ウパシ） どういうこと？

（じい） 日本は太陽神・アマテラス神の直系の子孫・歴代の天皇家が治めるべき地だ。天皇を柱にして神の国・日本は、2千年間、一民族・一言語・一文化の歴史をたどってきた、日本の保守層の中には、そんな幻想を抱く人もいるのだ。

（ノンノ） それは江戸時代の国学と関係がある？

（じい） 大ありだ！　摂関家も、院政も、幕府もない時代、あるいは儒教も仏教もない時代、つまり、本来は天皇が日本を治めていて、神道が日本の教えなのだという考えが、幕末に巨大なエネルギーになって、明治維新の原動力になった。

つまり、神のおわしますヤマトの国に、「汚れた」異国人を入れるな、こうした異国人と屈辱的な条約を結ぶ、弱腰江戸幕府など、倒してしまえという、尊王攘夷の思想が、若者たちの土台の認識になっていった。

さらに、アジア・太平洋戦争で、「神の国・天皇のために命を落とそう」「死んで靖國神社で会おう」という思想を叩きこまれ、多くの戦死者を出した。この戦死者は「無駄死」ではない、彼らのためにも、天皇を中心とした神の国を再びつくろうというのが、現代の右翼思想の最大公約数ということか。

（ノンノ）「無駄死」じゃないよ。国策の誤まりによる「犠牲者」だよ。しかし、「（日本という）お国のために」という言葉を信じた人々に殺害された、もっと膨大なアジア・太平洋地域の犠牲者がいたことを忘れてはいけない。

（ウパシ）要は、アジア・太平洋戦争という、日本国民にも、アジア・太平洋地域の人々にも、多大な犠牲を強いた責任を認めたくはない、あの戦争は正しかったと言いたいのだろうなあ。

（じい）一部の軍の暴走を政府が止められなくなり、その事実を追認し、それを国民に「聖戦」であるかのように信じさせる。その信じさせた核心に「天皇中心の神国」思想があった。

（ノンノ）となると、この思想は、日本にはアイヌ民族がいる、彼らはアイヌ語を母語としてきた、アイヌ文化という独自の文化を持つ、日本の国がアイヌの大地を侵略したのだという事実と、ことごとくぶつかるね。

（じい）そこで、アイヌ民族はもういない、なぜならば、アイヌ語を母語とする人も、狩猟採集を生業とする人も、コタンに暮らす人もいないだろう！　さらには、アイヌは和人が侵略したのではない、和人がアイヌの人たちに「善政」を敷いて、保護してやったのだという歴史観になっていく。

（ノンノ）それどころか、アイヌ民族なんていないのに、勝手にアイヌ民族を名乗る人ばかり利権を得ていてずるい！　アイヌ民族など、自分で名乗れば、誰でもなれるのだという論理を展開し、歴史をよく学ばない人はたちまちそれに賛同していく。かれらは、強い人、権力を持つ人には何も言わない。そして、「開拓」期以来、差別されてきた人を、どこまでも追い詰める。

（ウパシ）幕末、アジア・太平洋戦争、そして現代。こうした神国日本の思想が盛り上がるのには、理由があるのですか？

（じい）国が弱っているとき、日本という国家に無理に自信を持とうとして、この排他的な思想が、若者たちの共感を得るようになる。明治維新は、藩ごとにバラバラだったら、日本の独立は達成できなかったのだろうから、この思想がうまくマッチして、明治新政府をつくる原動力になった。大政奉還などは、天皇から「いただいた政権」を天皇に「お戻しする」という形を取った。徳川慶喜《よしのぶ》が天皇にどこまでも恭順を尽くしたのは、彼の出身母体が、神国思想の本場・水戸藩であったことの影響がある。

（ウパシ）本当は、天皇から政権なんか「いただいて」いない。徳川家康が豊臣家からもぎ取ったものだし、徳川家康は天皇家を禁裏《きんり》に収めておくことに腐心している。

（じい）しかし、神国思想は、アジア・太平洋戦争では被害と加害を増大させ、現代の日本でも、視野の狭い国家観しか示せない。何せ、部族時代の大王《おおきみ》家（ヤマト）の神話を正しい歴史だと思っているのだから、ここに学問的視野が入る隙はない。

（ノンノ）どんな強がりを言っても、冷静に見たら、バブルの崩壊以後の日本は弱っているね。そこに無理に自信を持とうとしているということなんだろうね。

4　北海道ウタリ福祉対策

（じい）アイヌ民族は、平均して、国民の平均よりも、ずっと貧しい。それは、今まで示してきたように、明治政府の「開拓」政策以来の差別、あるいは、もともと狩猟民族なのに、それを捨てさせられる、もともとアイヌ語を母語としているのに、日本語を前提にした日本社会で生きなければならないというハンディによる部分が大きい。社会で差別を受け、その上、所得・高校進学率など、国民平均より低かった。

（ウパシ）政治の力で何とかならないの？

（じい）北海道が１９７４年より、住宅資金や修学資金の貸し出しや給付をする、北海道ウタリ福祉対策を行ってきた。しかし、これは国が行ったものではない、何せ国は２００８年まで、アイヌ民族はいないという立場だった。

（ウパシ）と言うことは、道外に住むアイヌ民族は、対象外か。

（じい）そうだ。しかし、こういった福祉対策まで、「アイヌ利権だ」と騒ぐ人がいる。在日コリアンや、アイヌ民族に対して、口汚く罵り、留飲を下げる人が絶えない。

（ノンノ）それは、本来、本州・四国・九州だけの領域だった日本に、なぜアイヌ民族の大地の北海道、琉球民族の沖縄が入れられたのか、なぜ朝鮮人が日本国内に多くいるのか、日本の国がアイヌ民族に、琉球民族に、朝鮮人に、何をしてきたのか、歴史を学ぶことにより、わかるのに。

（ウパシ）政治主導という名目のもと、２０１４年に、各省庁の幹部を内閣人事局が一元管理するようになってから、官僚が権力になびき、忖度の嵐を生むようになり、安倍内閣以来、親戚、政権に親しい人、お友達だけが優遇されるようになった。

（じい）　そういう政権が、伊藤博文以来の内閣で最長になった。それは国民の多くがそういう社会を許してきた、つまり「弱者」「少数者」「被差別」に鈍感だったということにほかならない。

（ノンノ）「2020東京オリンピック」はコロナ蔓延《まんえん》の中、安倍晋三氏の強い意向で一年後に実施と決め、多くの国民の生命を失う中で強行した。その一年間に「女性蔑視」発言、過去のしょうがい者いじめ、お笑いのユダヤ人大量虐殺発言で役員やスタッフがやめていった。日本だけではスルーされていた人権感覚が、世界には全く通用しないことを思い知ったわ。

5　先住権を求めて

（ウパシ）　じいさんは確か、1984年からアイヌ史の「現代」だと言ったよね。いったい何があったのか、話を聞かせてくれ。

（じい）　一番、最初の日の話に戻すよ。1492年は、コロンブスがアメリカ大陸を「発見」して五百年、国連でその式典を行おうということになった。

しかし、その前に先住民族がいるという主張が登場、1982年、エクアドルのコーボが国連先住民年にしようと言い、結局、1993年、国際先住民年になった。

（ウパシ）この流れは、「同化こそ幸せ」という認識を変えさせていくのですね。

（じい）そして、1984年、北海道アイヌ協会は、先住権を求めて、アイヌ新法を求めて立ち上がった。

（ウパシ）ここからが、じいさんの言うアイヌ現代史か。

（じい）そんなとき、中曽根康弘首相が国会で「日本国民＝単一民族」発言をし、大問題になった。ここで、アイヌ民族の運動に大きく火が付いた。

（ノンノ）中曽根首相って、行政改革という大きな仕事を行ったという業績が言われていますが、原子力発電を広めたり、靖国神社に公式参拝したり、私は後世へ多大な問題も残したと思うわ。

（ウパシ）靖国神社の公式参拝と、日本国民＝単一民族発言は、つながっているね。しかし、1984年に、初めて先住権を求めて立ち上がったことが『有識者懇』報告に載っていないとはなあ。

（じい）1997年、アイヌ文化振興法が成立。約100年続いた北海道「旧土人保護」法がやっと、廃止になった。これで、アイヌ文化の復興・発展だけは推進できることになった。

（ウパシ）　先住権には、他にどんな権利がありましたっけ？

（じい）　「自分たちのことは自分たちで決める」民族自決権、侵攻した民族が奪った「土地・資源・領域」の回復を求める権利、先住民族の文化・言語の復権と、民族学校をつくる権利などがある。

（ウパシ）　そんなこと、何一つ、行われていないではありませんか。日本の国は、アイヌ民族を先住民族と認めているのですか？

（じい）　アイヌ民族を先住民族と認めた二風谷《にぶたに》ダム裁判（１９９７年）、「アイヌ民族を先住民族とすることを求める国会決議」、町村官房長官の発言で、司法・立法・行政の、国の三権が、アイヌ民族を先住民族と認めた。少なくとも、形としてはね。

（ノンノ）　そんなことも、『有識者懇』報告のどこにも書いてないよ。

（じい）　常本照樹さんや、その弟子たちが政府の用心棒となって、先住権を認めないための理論作りに邁進している。

（ノンノ）　そういうレッテル張りは、いけないと思う。

（じい）　確かにそうだね。北大法学部にも、アイヌ・先住民研究センターにも、そうではない学者がいることも確認しておく。だけど、このとき、そこにいた多くの学者は、この体制にたいした批判もせず、生きてきたからね。

（ウパシ）　1984年に、先住権を求めた北海道アイヌ協会はどうしているの？

（じい）　北海道アイヌ協会の会員は、2万人程のアイヌを名乗る人のうち、現在は2000人ほど。その中で、先住権を訴える人はいるが、大勢は先住権の旗を降ろしたような行動が目立つ。政府側の学者が差別的な発言をしても、問題が大きくならないようにかばう。まるで国の下請け機関になった。むしろ、北海道アイヌ協会以外のアイヌ団体の方が熱心に進めている。しかし、この問題はやはりアイヌ自身が決めることだ。私にできることは、アイヌ政策の基盤となる『アイヌ政策に関する有識者懇』報告の歴史記述がいかにまずいものかを白日のもとにさらし、それを考えてもらうだけだ。少なくとも、和人の学者がリーダーとなって、アイヌ民族を振り回すことも、ひかえなければならない。

実は和人の、つまり侵攻した側の一人である私が、北海道アイヌ協会のあり方を批判するのは、とてもハードルが高かった。しかし、和人としてでない、一人の人間としての「私」として、先住権を捨て去った同協会のありようは、きちんと指摘しなければならないと思った。それがまっとうな歴史著述というものだろう。

（ウパシ）　ウーン。1984年に、アイヌ新法を訴えた世代、そこから学んだ世代こそは、先住権を求めての闘いを理解するが、若い世代は、政府の施策に従順に、文化の復興だけを大事にしているね。ところでさ、じいさんに一つ確認。アイヌの人口は2万人程と言ったけれど、道庁の調査では1万3千人になってるよ。

（じい）アイヌ民族を名のる人は、ずっと2万数千人いたのに、２０１７年の道庁調査では急に1万3千人になった。アイヌ民族の人数を直接調査した北海道アイヌ協会の会員数が減って十分な調査ができなかったのか。あるいは、アイヌ民族であることをヘイトスピーチに攻撃され、名のりにくくなったのか。

２００9年のことだ。小学校で外国語活動が始まるので、その前に、日本の言葉には日本語のほかに、アイヌ語と沖縄語があるという小さなテキストを作ったんだ。これを知った自民党の義家弘介氏が文科省で批判し、北海道教育委員会から市町村教育委員会に、アイヌ語教育の実践を探させ、私を見つけ出し、中止させた。国が示すアイヌ語の位置、わかるかい？

（ウパシ）アイヌ民族、アイヌ史、アイヌ語へのすさまじい圧力はわかった。だけど、1億2千万人の圧倒的多数の、和人への同化という同調圧力、「開拓」以来１５０年間の同化政策でも、「北の新石器文化」以来のアイヌ精神は受け継がれている。

（じい）私は最近思う。この世に生きている人、皆、何らかの形で分けると、少数派なんじゃないかと。それを自分は少数派のレッテルをはられたくないので、多数派に入ろう、「普通」に合わせよう、流行に乗ろうとしているだけじゃないかと。

（ノンノ）じいさん、歴史を通して、私たち、次の世代へのメッセージある？

（じい）お上の言うこと、「偉く見える」人の言うことに疑問を持って！　常に自分で考えて判断できる知力を身につけてほしい。そして学んで考えて、行動してほしい。

（ノンノ）歴史は次の時代を占う鏡なのだ。だから、権力におもねて誤ったメッセージを送るなど、歴史という学問への冒とくだ。私たちは歴史に真剣に向き合うしかない。裏返せば、権力を批判し、自分たちの進むべき道を自分たちで創っていく、私たちは権力者の奴隷なんかじゃないということだね。

（じい）学力とは、「お上」の決めた「知」をどれだけ獲得できたかを言うんじゃない。子どもたちに47都道府県名を暗記させることに躍起になっている小学校社会科、そこにはこれっぽっちも「知性」を感じないね。

（ウパシ）この四日間の学びで、そのことがわかったよ。歴史は暗記じゃない。これからどう生きるべきかを考えるための根拠そのものになることがわかった。「学び」って、本当はそういうものなのだね。

第5日目　遺骨

第7章　アイヌ遺骨を返せ

1　東大教授・小金井良精の「盗掘」を追って

（ウパシ）　ピンポーン！　じいさん、おじゃまします！
昨日までの4日間で、アイヌの歴史の概要と、『有識者懇』報告の歴史認識のまやかしがわかりました。今日と明日、現代のアイヌ政策の問題について、考えたいです。まず、最近、問題になっているアイヌ遺骨の問題について、教えてくださ い。

（じい）　よし、きた！　ウパシさん、『有識者懇』報告に、遺骨問題は載っているかね？

（ウパシ）　（パラパラと『有識者懇』報告を見ながら）ありました！　幕末に英国領事員らにより「アイヌの人骨が発掘され持ち去られた」とあります。

（ノンノ）　もしかして、これらの遺骨、盗掘してきたの？
私、先住民族の権利に関する国連宣言を調べてきました。その12条に、
・墓場などから研究目的などで持ち去られた儀式用具や遺骨の返還を要求する権利を所有する。

とあります。もしかして、先住民族の遺骨を盗掘するって、世界的に当たり前に行われてきたの？

（ウパシ）　土地・資源・領域の権利ならば、国も予防線を張って、なかなか謝罪・復権とはいかないかもしれません。しかし、副葬品や遺骨はすぐに返せる話ですね。

（じい）　いい話し合いしているな！　ノンノさん、遺骨についての『有識者懇』報告、全文を読んでみて！

（ノンノ）　ハイ！

> アイヌの人骨は、古くから人類学等の分野で研究対象とされてきた。
> 江戸時代末期の１８６５年には、道南地域２ケ所のアイヌの墓から英国領事館員らによってアイヌの人骨が発掘され持ち去られるという事件も発生した。
> 明治中ころには、我が国においてナショナリズムが盛り上がる中で、日本人の起源をめぐる研究が盛んに行われ、日本人の研究者によってアイヌの人骨の発掘・収集が行われ、昭和に入っても続けられた。現在も数ケ所の大学等に研究資料等としてアイヌの人骨が保管されているが、それらの中には、発掘・収集時にアイヌの人々の意に関わらず収集されたものも含まれていると見られている。

（ウパシ）イギリス領事館、ひどいなあ。それで、返してもらったの？　当時の日本は、幕末の不平等条約の時代で、ヨーロッパに何も言えない、弱腰外交なんでしょう。

（じい）ところが、箱館奉行が粘りに粘って、交渉し、ついに遺骨を返させたんだよ。

（ウパシ）ヤッター！　たいしたもんだね。当時の日本、見直したよ。

（ノンノ）イギリス領事館員が墓から持ち去ったのは、ひどいと思うが、日本の学者はそんなことはしていないのでしょ。「それらの中には、……アイヌの人々の意に関わらず収集されたものも含まれていると見られている」だから、この文を見る限り、一部、アイヌの了解を得ないで持っていったものもあるかもしれないということかな。もし、そういうものがあれば、今の大学はすぐに返してくれますよね。

（じい）どのように、「意にかかわらず収集されたものも含まれていると見られる」のか、具体的事例を挙げてみるよ。

二つの事例を挙げるが、まず、東大の小金井《こがねい》良精教授の場合を紹介しよう。

（ノンノ）どうやって「発掘」したか、なぜわかるの？

（じい）小金井さんが専門雑誌『ドルメン第4巻　第7号』に「アイノの人類学的調査の思ひ出」という文を書いている。そこに、どのように、アイヌの遺骨を手に入れたか、詳細に書いている。

（ウパシ）そもそも、何のために、アイヌの遺骨が必要なのですか？

（じい）１８９０年前後、日本列島に渡ってきた最初の集団は誰か、論争になっていた。その中で、アイヌの伝承に残るコロポックㇽという小人が最初の集団だという説と、アイヌの人たちが最初にいたという説が対立していたんだ。当時は、新石器時代の人たちの頭骨を計測し、アイヌの人たちの頭を計測し、比較して、論文が書かれていた。

（ノンノ）と言うことは、アイヌの人たちの頭を測るということですね。

（じい）そうだ。その目的のために、１８８８年、東大の小金井「先生」は、北海道各地の研究旅行を行った。

ところで、知らない人にいきなり「あなたの頭のサイズを測らせて」と言われたら、君ならどうする？

（ノンノ）不審者！　と言う。

（じい）小金井「先生」は、まず小樽に入り（7月11・12・13日）、余市・札幌・千歳・苫小牧・鵡川・平取《びらとり》・沙流《さる》門別・新冠《にいかっぷ》・浦河・様似・幌泉・広尾・音更《おとふけ》・伏古《ふしこ》・豊頃・白糠《しらぬか》・釧路・弟子屈《てしかが》・クッチャロ・浜中・厚岸・霧多布《きりたっぷ》・函館と、回った。

（ウパシ）そんなに行ったのか！　そこで一回一回「頭のサイズ、人類学研究のために測らせて」と頼んだのですね。

（じい）　小金井「先生」は、「お金を支払う」「ものを支払う」という手法で、頭のサイズを測った。札幌では、「手拭・煙草《たばこ》・指輪など」「男女の別なく十銭」を渡して、計測したと言う。1888年ころの「十銭」は米1石が4．33円だったので、米2．3升分くらいだろう。

（ノンノ）　アイヌの人たちに、説明責任を果たしていないね。これか！　「アイヌの人々の意にかかわらず」と言うのは！

（じい）　小金井「先生」の頭の計測のための、方法って、四つあった。次に二つ目なんだけど、「アイヌの人たちを騙す」という方法を取った。

（ノンノ）　エッ！　何それ！

（じい）　小金井「先生」は、地域で「偉い」病院長や郡長・戸長、つまり、地域のいわゆる「名望家」に頼み、アイヌを集めてもらった。そして、言ったんだ。

・アイノは病気殊《こと》に疱瘡《ほうそう》にかかると皆死んでしまいますが、シシャモ（和人）は助かる、それでアイノの身体をよく調べてアイノも助かるようにしたい。そのために自分はわざわざ東京から来たのだという辞を用ひたこともあった。（1888年頃はアイヌはアイノとも表記されていた）

（ウパシ）これは詐欺だ！　確かに「アイヌの人々の意に関わらず」だ。
（じい）ただ、実際に病気も見ることもあったが、本当の目的は病気を見ることではなく、頭のサイズを測ることだからね。「病気を見る」は「出し」だ。
（ノンノ）まだ、他に二つ、収集方法があるよね。
（じい）小金井「先生」、ドイツ帰りの東京帝国大学の教授というわけで、とても「偉い」！北海道の地方の「名望家」などから見ても、はるか雲の上の人だ。こんな人に頼まれたので、どこかからアイヌの頭骨を見つけ、差し出した。
（ウパシ）何で、地域の「お偉方」がアイヌの頭骨など、持ってるんだよ！　そういうものを欲しがるのも問題だし、持って来る人も問題だ！　だんだん腹が立ってきた！
（ノンノ）まだ、もう一つ、収集方法がありますよね。何か、怖いな。
（じい）四つ目は墓からの盗掘だ。最初に来た小樽では、小樽病院長の案内で、人々に見つからないように、アイヌ墓地に行き、遺骨を盗掘している。その中には、「頭骨の中に脳髄が白く恰《あたか》もひめ糊《のり》のようになって」いるもの、つまり、亡くなってそんなにたっていない遺骨もあったと言う。「盗掘」した地点は特定できている。また、釧路でも、病院長の紹介者が案内して、「皮膚・毛髪・腱《けん》・靭帯《じんたい》・脳髄の如《ごと》きはまだ多少残存している」死体を谷間に持って行き、洗い、さらにその雑談中に「頭骨から脳髄を掻《か》き出し」たと言う。

（ウパシ、ノンノ）……。

（ウパシ）ショックで言葉が出ない……。アイヌに見つかることはなかったのですか？

（じい）見つからないように見張りを付け、コソコソ盗掘したが、余市《よいち》では見つかった。するとその場を取り繕い、「酒と菓子と花を供へて皆々礼拝し」た。ただ、アイヌのおばあさんが「ナムアミダブツ、ナムアミダブツといふて泣いていたのには弱った」と書いている。

（ウパシ）これ、「アイヌの人々の意に関わらず」どころではない！　明々白々の盗掘です。東大はアイヌに謝罪しましたか？　返しましたか？

（じい）謝罪はなし、返す気もなかったけれど、北大の盗掘をめぐって、裁判の判例で返還要求があったら返すようになり、アイヌ施策推進法成立に合わせて要求があったら返すように決まったので、決まった通りの方法で機械的に返している。東大はぞんざいにも、貨物便で遺骨を送ってくるし、決まった方法には謝罪がないので、何を言われても、謝らない。

（ウパシ）「能面」のような顔、機械的な対応か。大学の「学識」の高い「幹部」がねえ。

（じい）まさしく「知」と「人格」は別ものだ。それに、上からの指令を受けた「役人」に徹しなければならないということだ。

（ノンノ）それにしても、『有識者懇』報告の、あの内容は何なの！

（じい）この誰も責任を取らせない『有識者懇』報告の文が、政府の答弁のスタンダードになっている。ウポポイの郊外に、全国の12大学から集められたアイヌ遺骨が千二百体もあるが、その説明看板が「アイヌの人々の意に関わらず」、文部科学省の役人に「盗掘の事実を認めよ」と聞いても、「アイヌの人々の意に関わらず」、それ以上、何も話す気はないというのが実情だ。まるで、昭和の壊れた録音機！

（ウパシ）だって、誰が見ても、小金井の文からわかることは「盗掘」でしょ。

（じい）文科省の学術研究調査官のお役人は何と「小金井のこの文の真偽を証明することはできない」という言い方までするんだ（２０２１年４月16日。チャランケの会との話し合いで）。

（ノンノ）さすが、森友学園、桜を見る会で、お上に忖度し、証拠を隠滅してきた、安倍・菅政権の官僚たちだね。しかし、ここまでやると痛々しいねえ。

2　北大教授・児玉作左衛門の「盗掘」を追って（Ⅰ）

（ウパシ）小金井の遺骨盗掘と、それに謝罪せず、自ら返そうとしない東大の姿、何も対処しない政府の姿、『有識者懇』報告の内容のすべてに驚きました。だけど、小金井以外に、まだ、事例があると言っていましたね。

（じい）京都大学の清野《きよの》謙二（樺太アイヌの遺骨を盗掘）、北大の児玉作左衛門の盗掘が有名だが、児玉は国策研究ということで、小金井や清野とは質が違う。児玉の問題を取り上げてみよう。

（ウパシ）ウパシさん、1937年の日本って、どういう時代？

（じい）1931年に満州事変。まもなく、日本の傀儡《かいらい》国家・満州国を作り、前年の1936年に二・二六事件。この年は日中全面戦争が開始した年だ。

この1937年に北海道帝国大学（現・北大）に北方文化教室が開設された。そして、1939年から北方史の専門家による論文発表が始まった。この論文集（『北方文化研究報告』）の巻頭の辞は、
・北海道文化は北地開発の模範たるべきものであって、進んで北支・満州・西比利亜の開拓に其の範を示すの要あるべき

とある。北支は華北、西比利亜はシベリアだが、この抱負を見ると、まさしく帝国主義の侵略の手先になる方向性、国策研究の方向性が示されている。

（ノンノ）実際、そういう論文ばかりだったのですか？

（じい）そんなことはなかった。国策とは別の、個人研究が多かった。それから誤解を解くためにも言っておくが、この報告は平和で民主主義をめざす戦後の１９６５年まで続き、北方史研究の中心的役割を果たしてきたのは間違いない。

（ウパシ）それでは、巻頭の辞だけ、「お上」に気を使うふりをして、実際は個人研究の論文集だったということですか？　確かに戦時中なら面従腹背も生き方だからね。

（じい）ところがそうでもない、児玉論文だけは国策論文なのだ。「栄えある」第一輯（１９３９年）の冒頭論文は児玉論文で、『アイヌの頭蓋骨に於ける人為的損傷の研究』がその論文名だ。第一輯全体で２３９頁、５人で執筆したが、児玉だけで実に91頁を占めている。

そして、児玉自身の引用論文を見て見ると、自らの

・『八雲遊楽部《ゆうらっぷ》に於けるアイヌ墳墓遺跡に就いて』（１９３６年）

・『アイヌの頭蓋骨に就いて』（１９３８年）

・『アイヌ民族に於ける妊婦屍体解剖の奇習』（１９３８年）

があげられている。児玉がたくさん集めたアイヌ遺骨の集大成の論文と言える。

（ウパシ）どうして、児玉だけ、他の人の論文と違うのですか？

（じい）児玉は日本学術振興会の第八小委員会（アイヌ研究）の委員を命じられ、アイヌの骨格研究に取りかかった。つまり、国策研究の一翼を担ったのである。結果、その補助を受けて、北海道・サハリン・千島のアイヌモシㇼ全域の大規模な「発掘」調査を可能にした。

（ノンノ）似た言葉に日本学術会議……。菅首相が権力に批判的な学者を名簿から削除した事件がありましたね。

（じい）学問研究って、たちまち、権力を「よいしょする」御用研究になってしまう。まして、安倍さん・菅さんのごとく器の小さな人が権力者になれば、そういう人にばかり、予算を出すからね。はっきり言えば、権力に重用ばかりされている研究者は、すべてとは言わなくても、大概は御用学者に成り下がってしまう。

（ノンノ）児玉研究って、そんなに大掛かりだったの？

（じい）次の表を見て！　児玉以前と児玉のアイヌ遺骨「発掘」の数を示してみた。

（表1）児玉論文以前の人類学研究者による「発掘」遺骨数

「発掘」年	「発掘」者	「発掘」地	遺骨数
1879	ジョージ・バスク	噴火湾	1
	コペル・ニッチー	サハリン・アニワ湾	8
	ルドルフ・ウイルヒョウ	サハリン	2
		北海道	4
1882	タレネッキー	サハリン大泊	41
1893	サプルネンコ	サハリン	15
	モンタンドン	サハリン	5+1
		北海道	3+1
1888〜89	小金井良精	北海道各地	160
1924	清野謙二	サハリンの魯礼	52

（ウパシ）　小金井の盗掘数が圧倒的に多いね。

（じい）　前に小金井の回顧録を見たよね。あれほど明確な「盗掘」を告白しているのに、小金井のアイヌ遺骨収集は「盗掘」ではないと言い張る学者・大学・官僚が国の中枢を占めているのだから、言ってみれば、彼等は権力を守るための「稀代の詐欺師」「政権のゴマすり」だよね。しかし、次に児玉の「発掘」数を紹介するから、よーく見てよ。

表2　児玉論文に見る「発掘」アイヌ遺骨数

対象のアイヌ	「発掘」地	遺骨数
八雲アイヌ	ユーラップ川	131
長万部アイヌ	ボクサタナイ川	20
	ワルイ川	11
落部アイヌ	国道浜通り	103
浦幌アイヌ	浦幌村愛牛	62
栄浜アイヌ	サハリン栄浜	8
	内渕	18
	魯礼	8
森アイヌ	森町	57
北千島アイヌ	占守島	16
	（他の「発掘」）	
	北海道	100
	サハリン	16

（ウパシ）何だ、この数は！　この遺骨、どうやって集めたの？

（じい）「正直な」小金井は回顧録を残したが、児玉は日本学術振興会という「印籠」を使って、白昼堂々と「盗掘」した。児玉は幕末のイギリス墳墓盗掘事件の「発掘」を正しく「盗掘」と表記しているのに、自らの「盗掘」は「発掘」と記す。チャップリンの『殺人狂』で「一人殺したら殺人だが、国家のお墨付きで1万人殺したら「英雄」だ」という論だね。

（ウパシ）じいさん、どうやって、盗掘したのか、具体的に教えて！

（じい）わかった！　彼の報告を忠実に読んで、紹介してみよう。七つの地点が示されている。児玉は小金井のように、正直に「盗掘」とは書いていない。私はこんなに大量に「発掘」するのは国家の研究を語った「盗掘」だと思っているが、最初から意図的に「盗掘」だとは言わない。児玉の文を説明するから、君たちの感性で判断してほしい。

（ウパシ）わかりました！　まず、八雲《やくも》アイヌですね。

（じい）八雲アイヌは、ユーラップ川周辺に暮らしていた。児玉によると、先祖がトシベツ川（後志利別川《しりべしとしべつ》でしょう）から移住してきて、18世紀末～19世紀初頭（寛政・文化年代）の記録にも見えるという。1934年の戸数・人口は18戸（84人）だと言う。八雲アイヌの墓地は、ユーラップ川支流のトイタウシナイ川沿いにあり、浜道路によって、南北に分断される。このうち、南墓地はユーラップ首長・椎久年蔵の放牧地、北墓地は丘の上の雑種地であった。南墓地から82体、北墓地から49体の遺骨を「発掘」している。この記録を常識的に見ると、人のいない北墓地は無断で、南墓地はわざわざ椎久年蔵の名を出していることから、彼の許可を取ったと見られる。児玉は丁寧にも「発掘」した詳細な図示まで行っている。

（ノンノ）南墓地のことだけど、集落の人々の墓を「発掘」するのに、そこの首長さえ了解していればいいという理屈は成り立ちません。例えば、私の家の墓を、市長が許可したからと言って、「盗掘」することはありえないでしょう！

（じい）二つ目は長万部《おしゃまんべ》アイヌだ。長万部アイヌは、市街の東方、長万部川の川向かいに居住し、「発掘」のころは19戸91人いたという。そして、長万部アイヌの墓地は、コタン（集落）より東北2㎞のボクサタナイ川の東南の丘、それから長万部川西南7㎞のワルイ川河口の海岸砂丘にあった。後者は、雑種地の南方に畑地があり、20～30年前まで多く埋葬していたが、開墾のとき、掘り出して、「焼却」したと聞き取っている。児玉はこれらの墓地の年代を「故老」（おそらくはアイヌだろう）から聞き取り、「明治初年前後のもの」と推測している。ここでも、児玉は白昼堂々と「故老」から聞き取り、「発掘」している。

（ノンノ）児玉はコタン（集落）の実力者を見つけ、日本帝国の国策研究の「御威光」を使って、その人の許可だけをとって、白昼堂々と「盗掘」するというパターンを取ったのですね。

（ウパシ）三つ目は落部《おとしべ》アイヌだね。

（じい）落部アイヌは明治維新のころは戸数23戸（人口80人）あったが、児玉の時代は「混血の者が数人居るばかり」と記している。１８７７（明治10）年以降は共同墓地に埋葬されており、それ以前の墓地は「故老」の言葉により、開口旅館浜側の裏の畑地、その東北に接する木村金作所有の漁粕干場内とされ、「発掘」すると、１０３体の遺骨が出てきた。この場合は、おそらくは「故老」や、土地所有者の開口旅館主や木村金作の了解は得て「発掘」してはいるのだろうねえ。

（ウパシ）じいさん！　それは「よく解釈したら」ということでしょ！　文科省の官僚は、小金井のような明々白々の「盗掘」記録さえ、この報告が真実か証明できないとまで言い張るのだよ。それならば、児玉の論文には、一切、土地所有者の確認を取ったなどとは書いていないじゃありませんか！

（ノンノ）まして、遺骨の子孫、一人一人の確認など、いっさい得てはいませんよ！

（ウパシ）四つ目は、浦幌《うらほろ》アイヌですね。

（じい）浦幌アイヌは浦幌駅より西方12㎞、十勝川東岸河口から14㎞の地にいた。児玉の時代には戸数11戸、児玉の言い方を借りると、「純粋な」アイヌは4戸と記している。

（ノンノ）「純粋なアイヌ」とは何ですか？

（じい）児玉はアイヌの人たちを「純粋」と「混血」という2分法で判断している。自然（形質）人類学で、祖先をたどれる「資料」になる人が「純粋」、他の民族と結婚し、「第一級の資料」にならない人を「混血」と見ているのだろう。

（ノンノ）人間をそのように、「研究対象」にしか見られないのね。皆、人生があり、喜びも苦難もあって、生きているのに！

（じい）「故老」によれば、十勝川氾濫のたびに、アイヌは居住地を転々としたようだ。ここでの「発掘」はコタン近くの雑木林中で、62体あり、明治維新以降の埋葬と見ている。

3　北大教授・児玉作左衛門の「盗掘」を追って（Ⅱ）

（ウパシ）児玉が「発掘」した五つ目は、サハリンですね。サハリンの栄浜《さかえ》、内淵、魯礼《ろれい》の三地域を、栄浜アイヌと総称しています。

（じい）ここには、アイヌ民族の存在が見えない。サハリン南部は、日露戦争で日本領になるが、その後、サハリン各地にあったコタン（集落）をいくつかに集め、集住させた。結果、各地のコタンは消滅させられた。それから、魯礼は１９２４年に京都大学の清野謙二が「盗掘」しており、その地点を児玉がさらに詳細に「盗掘」したものだ。

（ノンノ）移住した後に、墓から持ち去る。これは誰の許可も得ていない。清野にしても、児玉にしても、言い逃れのできない「墓荒らし」「盗掘」と断じて構わないです！

（じい）樺太アイヌ協会が存在するのだから、国はここの遺骨をどうするか、話し合うべきだね。

（ウパシ）児玉が「発掘」した六つ目は、森アイヌです。

（じい）森アイヌは幕末の１８５６年に18戸（85人）いたが、離散・死亡し、児玉の時代にはわずか３人、そのうち、児玉のいう「純粋なアイヌ」は幾良だけになったと言う。アイヌ墓地は森町の中央で、幾良の家の庭にあった。当然、幾良の許可を得たものだろうし、幾良は明治初年までの墓地だったと言い、57体「発掘」した。

（ノンノ）日本帝国のお墨付きをもらい、人の家の庭の土の中にある遺骨を、白昼堂々と57体持っていく。そこには幾良さんの家族ではない遺骨もたくさんあっただろうに。

（じい）さらに、ここの遺骨は、児玉によれば、幕末にイギリス人が盗掘したものを箱館奉行が取り戻して、ここに再埋葬したものだという。本当かどうか確認はできないが、それを再び「盗掘」する行為に、罪悪感はなかったのだろうか。

（ノンノ）国も、幕末のイギリス人の行為は「盗掘」と認めているのに、その遺骨を児玉が掘り出した瞬間、「発掘」になるんだねえ。ダブルスタンダードか！

（ウパシ）七つ目は、北千島アイヌです。

北千島は、18世紀以降、ロシアの影響力が強かったのだが、千島・樺太交換条約で日本領になり、北千島のアイヌは南千島の色丹島《しこたん》に強制移住させられたのですね。

（じい）北千島の占守島《しゅむしゅ》の別飛《べっとび》で、児玉は16体の遺骨、副葬品として、銅製の十字架を「発掘」している。

（ノンノ）十字架……？　ああ、これはロシアの影響下にあった資料になりますね。

（ウパシ）ここには当然、千島アイヌはいないのだから、誰の許可も得ない「盗掘」です！

（ノンノ）ここまで、堂々と「盗掘」すると、児玉はもしかして、アイヌ民族は喜んで「国策」研究に協力したと思っていたのではないですか？　時代が「お国のために万歳！」の時代になっていますよね。きっと、そうですよ！

（じい）いかに児玉の行った行為が下劣でも、アイヌ民族が「喜んで協力した」と思っていたのなら、いくらか情状酌量の余地はあるだろう。次に、児玉自身が書いた、アイヌ民族の埋葬観を示したものだから、よく読んでくれたまえ！
・由来アイヌは死者を極端に忌み怖れる民族として知られている。人が死ねばその持ち物を全部一緒に埋葬したり或はまた家長の死ぬ時にはその家を焼き払ふ。埋葬が済んで帰る時には左廻りをなし、帰途には決して後をふり向かないし、また再び訪れる事は絶対にしない。のみならず死者の事を口にする事すら好まない。更に墳墓を発くに至っては部落に海嘯《かいしょう》が襲来し、噴火を起して部落が全滅するものと信じてゐた。故に墳墓に近寄る事すら危険視して居たのである。……即ち北海道アイヌでは墳墓発掘の場合は棍棒で強打をうけ、部落を追放せられ、また墳墓に対する不敬の場合はアシンベ（罰金）の刑があった。（以上、児玉論文88頁より）

（ノンノ）ここまで、アイヌ文化がわかっているのに！　アイヌの精神がわかっているのに！　こんなに墓暴きされるのを嫌がっていることを知っているのに！　しかし、しょせん、その「わかっている」というのは、そういう精神を尊重するのではなく、その精神さえ単なる研究対象に過ぎなかったということなのか！

（ウパシ）しかし、ここまでわかっていて、アイヌ首長に墓の場所を聞き、いつころの墓かを詳しく聞き、その上で「発掘」する！　アイヌの一人一人を、自分と同じ感情を持つ、一人の人間として見ていない！

（じい）　そうだ。かれらは「近代国家」の民以外をまともな人間とは見ていなかった。ダーウィンの進化論を人間にもあてはめて、西欧人を頂点とし、それ以外の民族を進化の途中の「人種」と見たのだ。これが人種主義だ。

１９０３年の大阪博覧会（第五回内国勧業博覧会）の「学術人類館」では、アイヌ、台湾先住民族、琉球人、朝鮮人などが「展示」された。翌年のセントルイス万国博覧会では、「野蛮」「未開」とされた人間が「展示」され、アイヌも入れられた。

（ウパシ）　人種主義、進化主義という学問に根ざした思考が、こんな人でなしの行為も、認めさせてしまう！　思い上がった人間の愚かさ！

（ノンノ）　人種主義、進化主義が「正義」と言っても、小金井や清野はまだアイヌに見つからないようにこそこそ盗んだが、さらに「国策」という「錦の御旗」を与えられ、児玉はエスカレートする。アイヌの心を知っていて、敢えて白昼堂々と「盗掘」する！　これは残酷です！　アイヌ民族の精神文化に沿って、研究するのではなく、アイヌの精神文化も、遺骨もぜーんぶ発表するための研究対象でしかない。小金井と清野は個人的「盗掘」、児玉は国家的「盗掘」としか言いようがない。北大、これでも謝罪も返還もしないのか！

4　戦後も続く、自然（形質）人類学者の墓暴き

（ウパシ）１９４５年に、日本は敗戦。１９４７年に基本的人権の尊重を示した日本国憲法が成立しました！　やっと、アイヌ墓からの盗掘はなくなったと言えるのですか？

（じい）何の、何の。墓荒らしは続く。「オレたちは偉い」という学者の性《さが》は変わらない。１９６８年刊の菅原幸助『現代のアイヌ』によると、１９６０年ころ、大学教授と学生たちが静内川上流のアイヌ墓地に来て、「盗掘」を始めたと言う。アイヌ青年たちが怒り、「あなたたちは誰に断って、この墓地を掘ったのですか」と言うと、教授は「ワシたちは学術研究のためにやっているのだ。キミたちも協力して下さい。この調査は町役場に断ってある。役場でも人夫を出してくれるはずだ」と反論された。翌日からは、「盗掘」がさらに大掛かりになり、アイヌの若者たちは草刈りガマをあげて、学生「盗掘班」に襲い掛かった。それでも「盗掘」は中止せず、さらにその翌日は町役場職員と警察が立ち合い、「盗掘」が行われた。

（ノンノ）戦後になっても、墓荒らしが続く。しかも、住民を守るための役場と警察も一体になっての、墓荒らしが続く。

（ウパシ）役所も、警察も、上の命令でたちまち行動が変わる。まるでリモコンで動くロボッ

トだ。しかし、墓荒らしという犯罪さえやるとはなあ。上意下達で「飼い慣らされる」と、人間の理性なんてこんなに弱いものか！

（じい）アイヌ遺骨の「盗掘」が悪いことだと言うのが常識になるのは、1980年代のことだ。チカップ美恵子さんが『アイヌ肖像権裁判』で、萱野茂さんが『アイヌの碑』という本で訴え、やっと、「盗掘」が悪いことになった。

ところが、今度は、各大学は遺骨を返さない、盗んだことに謝罪しないで、さらに児玉のように国策研究で行ったのに、国もやはり返さない、謝罪しないで、過ごそうとしている。

アイヌの人たちの中には、裁判に訴え、和解案として、地域に返還するという事例も出てきた。このとき、和解案に大学の謝罪がないため、「知」の塊のはずの大学（北大・京大・東大）の幹部が意地になって、「謝罪しない」場面が度々テレビ放送された。返還を申し出ない地域の遺骨はウポポイに持って行かれた。

（ウパシ）謝罪せず、全部、ウポポイの「慰霊施設」に集めて、御和算にするつもりか！

（じい）いや、御和算ではない！　自然（形質）人類学者たちは、この遺骨をまた研究に使おう、DNA研究に使おうと虎視眈々《こしたんたん》とねらっている。北海道アイヌ協会も、近代（1868年）以前の遺骨ならば、どうぞ研究に使っていいと言っている。文科省は慰霊施設では研究させない、裏を返せば、持ち運べば研究に使ってよいと言っている。

（ウパシ）何が『有識者懇』報告の「アイヌに人々の意に関わらず収集されたものも含まれていると見られている」だよ！

（ノンノ）学問は「人種主義」「進化主義」で人間を序列化し、差別の理論を与えてきたことへの深い反省が必要だ。そして、現在の私たちも、DNA研究による自然（形質）人類学のあり方を注視しなくてはいけない。「日本人がコロナにかかりにくいのはDNAのせい」と言う人がいるけれど、気をつけなければならない発言だわ。これ、はっきり言って人種主義でしょ。

5　ラウンドテーブル案

（ウパシ）アイヌ遺骨を返せというアイヌの声、ウポポイに集約しろという北海道アイヌ協会の幹部の意向、再びDNA研究に利用しようという自然（形質）人類学者、この溝は埋まらない。

（ノンノ）何も難しいことはない、本来は盗掘したのだから、元の地域に戻すべきだわ。大学や学者の側に、過去を謝りたくない、新たに研究に使いたいという思惑があるから、こんな複雑な状況になっているだけだと思う。

（じい）ここで、北大アイヌ・先住民研究センターの加藤博文さんが北海道アイヌ協会の声、日本人類学会の声、日本考古学協会の声をまとめ、研究にアイヌ遺骨を使う場合、どうするかを提案した。提案の名称は『これからのアイヌ人骨・副葬品に係る調査研究の在り方に関するラウンドテーブル』（２０１７年）で、さらにその「最終報告書」としての「概要」も出されている。いわば、国のアイヌ遺骨政策の方向を示すものだ。

（ウパシ）どういう内容ですか？

（じい）研究することの前置きとして、開拓史観、古い社会進化論、植民地主義、同化主義の負の歴史を取り上げ、一部の研究はアイヌの社会的偏見を助長したとする。

（ウパシ）おお！　よく学者がここまで言ったものだ！　盗掘は認めたの？

（じい）「遺骨等の収集に関しては、十分な説明と同意の取得がなされず、盗掘との判断を免れ得ないような記録が残っている」と記す。

（ノンノ）盗掘も認めたじゃないの！

（じい）さらに、「概要」の「これからの遺骨と副葬品を用いた研究のあり方」の項で、「アイヌへの遺骨等の返還と慰霊の実現は第一義であり、研究に優先される」ともある。
（ウパシ）何と良心的な解決案だこと！　よくここまで言った！　完璧じゃないですか！
（ノンノ）きっと、アイヌ遺骨を返還すべきだというアイヌの人や、返還に理解を示す研究者が、この案をつくる委員に入っていたのね？
（じい）ところが、アイヌ遺骨を地域に返還すべきだというアイヌは一人も入っていない。ウポポイに集め、一定の条件が整えればDNA研究に使ってよいという北海道アイヌ協会の幹部（そのうち、一人は和人）しか入っていない。
（ノンノ）それでは、最もDNA研究をしたいはずの日本人類学会のメンバーは、誰が入っているの？
（じい）ひたすら、アイヌ遺骨を研究に使いたいと主張し、人類学会を引っ張ってきた篠田謙一さんが入っている。ともかく北海道アイヌ協会・人類学会・考古学会の大物を集め、ラウンドテーブル案にまとめ上げた。
（ノンノ）あれほど「りっぱな前置き」で一瞬、信用していたのに、心配になってきた。ラウンドテーブル案はどういう結論を書いているの？
（じい）そうなのだ。これほど「立派なこと」ばかりの前置きに翻弄されずに、人選を見た場合、結論はどうかという見方が必要だ。前置きが「こけおどし」だということもある。

ラウンドテーブル案には、「研究の対象となる遺骨と副葬品」として認められないものに、四つの条件をあげている。

（ウパシ）一つ一つ、確認してください。

（じい）「①先住民族の権利に関する国連宣言の趣旨に鑑みてアイヌの同意を得られないもの」

（ノンノ）いいじゃないの！

（じい）いいかい、ラウンドテーブル案の場合、先に見たとおり、こういう前置きはこけおどしだから、注意して。①に（　）付きで「遺族感情から問題があるもの」と条件を付けている。アイヌ遺骨は大部分が遺族の確認を得ないで盗掘したものだから、そもそも遺族感情も何も、誰の遺骨かわからない。１６７７体に及ぶアイヌ遺骨のうち、個人名がわかっている遺骨はわずか38体に過ぎない。

（ウパシ）それじゃ、最初から遺族がわからないので、この項目は意味を為さないね。これじゃ詐欺だな。

二つ目の条件は？

（じい）「②遺族感情や、海外における法制度やガイドラインの事例を考慮して、研究が行われる時点から見て三世代以内、すなわち概ね１００年以内に埋葬された遺骨や副葬品」とある。

（ウパシ）この条件の見方がわかってきた！　「そもそも遺族がわからないのに『遺族感情』だとか、「海外における法制度」などと言うこけおどしに騙されず、結論のみを見るのだね。すると、「三世代以内、すなわち概ね１００年以内に埋葬された遺骨や副葬品」となる。

（ノンノ）三世代と言えば、じいちゃん・ばあちゃんの世代！　エーッ！　それじゃ、ひいじいちゃんやひいばあちゃんの世代の遺骨は研究に使えるの！

（ウパシ）「概ね100年以内」というのは、１８６８年以降の遺骨・副葬品を使ってはいけないという以前の確認よりも、ずっと悪質だ。１００年以内ということは、今が２０２１年だから、エーッと１９２１年までの遺骨は使える。小金井の盗掘した遺骨は使えることになる！　２０３０年になれば清野の盗掘した遺骨を使える！２０４０年には児玉が盗掘した遺骨も使える！
何なの！　この結論は？

（じい）「③現在の遺族等への影響を鑑みて、収集経緯を公開できないもの」はどう見る？

（ウパシ）またまた、遺骨の人名が38体しかわからないのに、性懲りもなく、「遺族」を出してくる！　この項はまったく意味を為さないよ。そもそも「遺族等への影響から、収集経緯を公開できない」ではなく、「人類学者が盗掘したので、収集経緯を公開

（じい）　できない」の「間違い」じゃないのか！

「④学術資料の一般的な見地から見て、収集経緯が不明確なものや、時代性や埋葬地に関する情報を欠如するものや、資料の正確性を担保する基本的データ（例えば、発掘調査時の実測図、写真、出土状態の記載）が欠如するもの。そのほか、調査行為自体に研究倫理の観点からみて学術資料として活用することに問題を含むもの」とある。
（ノンノ）　④は当たり前でないの。研究するのに、その条件がそろっていない遺骨を使ったら、研究結果の信用自体が間違ってくるじゃないの。
（じい）　実際、遺骨がバラバラになって、箱に入っているものがすさまじい数にのぼっている。何せ全国の大学で382箱、そのうち北大だけで367箱、これらはそもそも研究に使えない。
（ウパシ）　しかし、いいことが書いているよ。「調査行為自体に研究倫理の観点からみて……問題を含むもの」と書いているよ。これじゃ、小金井や清野、児玉の盗掘した遺骨は使えないね。
（じい）　ところがだ、ここが狡いところだ！　「④の条件に触れる遺骨及び副葬品のうち、アイヌも交えた検討と判断の結果として、……限定的に研究を行う可能性も残さ

（ウパシ）　れる」と条件を付けているんだ。しかも、小金井の「盗掘」は東大や文科省が認めていないし、清野の「盗掘」は京大が、児玉の「盗掘」は北大が認めていない。この「アイヌも交えた」とは、どうせ、結論ありきで、アイヌ遺骨を研究に使うことに賛成する北海道アイヌ協会の幹部の了承を得るのでしょ。ラウンドテーブル案のメンバーに遺骨研究賛成のアイヌしか入っていないのに、「いや、そんなことはない」と言えるの？

（ノンノ）　④は、どういう主張のアイヌを指しているのかで決まる。玉虫色の話だね。ザル案と言うか、抜け道だらけ。あんなに立派な前置きで、こんな拍子抜けの結論か！

（ウパシ）　遺骨や副葬品について、学者に任せていたら、だめだね。返還すべきだというアイヌ民族を中心に、その考えに理解を示す研究者や市民を加えて考えるべきだろうな。

（じい）　加藤氏はアイヌ遺骨が差別的な歴史認識のもと、どういう状況にあり、それがアイヌ民族をいかに傷つけてきたかを、知識としては誰よりも、よくわかっている。だから、国際レベルの遺骨問題の解決法を、理論的、論理的に説明することは、お手の物だ。歴史学者としての筋道立てた説明も抜群だ。その知識と論理を知りたくて、多くのマスコミも彼のコメントを聞きたがる。だから、立派な前置きを書くこともできるが、力関係でここまで抜け道だらけの、アイヌ遺骨を研究の使いたい放題にするまとめをすることもできる。まさに、融通無碍という感じだ。

6 「アイヌ民族に関する研究倫理指針」案

（じい）　2019年9月、北大アイヌ・先住民研究センターの加藤さんは、新たに研究者向けに「アイヌ民族に関する研究倫理指針（案）」（以下、「倫理指針案」）を発表し、同年12月にさらに修正加筆した。ここにも、アイヌ民族の先住権だとか、「アイヌ民族に向き合うべき」（7頁）と言葉が続き、日本人類学会、日本考古学協会、日本文化人類学会、北海道アイヌ協会が「アイヌ民族に関する研究倫理審査委員会」を設置、「中立的かつ公正な意見を提示」すると記す。ここに新たに、文化人類学界が入っていることに注目してほしい。この「倫理」指針（案）はまだ議論の最中だ。

（ノンノ）　「中立的かつ公正な」など、あり得るのかな。だって、世の中に、本当の意味で「中立的」「公正」などないもの。委員会のメンバーの力関係で決まるわよ。

（じい）　この「倫理」指針案も、すばらしい原理・原則を前提とする指針案となった。しかし、ラウンドテーブル案と同様に、具体策はそのときどきの力関係でゆれ動く。

まず、「倫理」指針案では、「アイヌ民族に向き合うべき」とか言いながら、作成の議論の中に、遺骨を返せというアイヌどころか、アイヌ民族自体が誰も入らなくなった。本来は、学者ではなく、アイヌ民族の遺骨返還を求める人たちが中心にいなければならない。原理・原則の格調の高さと、実態のずれとも言える。

（ウパシ）ラウンドテーブル案で、すでにみたような美辞麗句が、「倫理」指針案も盛りだくさん、しかし「中立的かつ公正な」的な言葉も、どの立場に立脚するかで変わる。何せアイヌ遺骨の研究を大幅に認めている「北海道アイヌ協会とその意義を共有する」（7頁）だしね。

（じい）「遺跡などから出土したアイヌ民族の遺体及び副葬品の取り扱い」も、「死者に対する敬意」「アイヌ民族の意思の尊重」など、冠の文は美辞麗句が続く。そして、加藤さんの言う論は、どこまでも正論だ。ただ、具体策になると、力関係でゆれ動く。そこは北大アイヌ・先住民研究センターの中でただ一人、丹菊逸治さんが一貫して遺骨の盗掘に謝罪と返還を求めてきたことと、明らかに違う。ともかく、この倫理案、ラウンドテーブル案と同様に、結論のみに着目しよう。研究に使えない遺骨には、四つの条件が示されているからね。

（ウパシ）どういう遺骨を、研究対象外にしているの？

(じい) ①「先住民族の権利に関する国際連合宣言」の趣旨に鑑みてアイヌ民族の同意を得られないもの。

(ウパシ) これは、誰もが批判できない、しかし、実体を示さない、冠だけのこけおどしの文にもなりかねないね。「アイヌ民族の同意を得られないもの」とは、いったいどういうこと? アイヌ民族が一人でも反対したら、研究で使えないということ?

(じい) 加藤さんは、私たちとのリモートの話し合いで(2021年5月20日)、そう言っていた。しかし、その担保がどこにあるのかどこにも書いていない。

ただ、このときのリモートで、東大・京大・北大の「盗掘」3大学を含む、全国12大学のアイヌ遺骨は、研究に使えないという出原氏の提案に、加藤さんも賛同し、倫理指針に入れたいと述べた。

(ウパシ) じいさん、12大学中、他の9大学は、「盗掘」なのですか?

(じい) わからない。「盗掘」だと正直に書いた史料もないが、同時にアイヌの人たちの許可を得て収集したという史料もないからね。敢えて言えば、無断で盗ったり、役所のおすみ付きを得て、力技で盗ったものが多いのだろうなあ。

(ウパシ) それ、普通「盗掘」って言うでしょ。

(ノンノ) ②③④は何ですか?

（じい）②考古学調査において確認された埋葬遺体のうちで近代以降（１８６８年の明治維新以降）に埋葬されたアイヌ民族の遺体や副葬品
③　②に含まれない１８６８年以降に埋葬されたアイヌ民族の遺体やその副葬品。なお、本人や遺族の同意のあるものは、この限りではない。
④学術資料として問題を有するもの（例えば、盗掘や遺族などの直接の関係者の同意を得ずに収集された資料や時代性、収集地に関する情報を欠如する資料など）（以上、12頁）

（ノンノ）ここに、「盗掘や遺族などの関係者の同意を得ずに収集された資料」という言葉が出てきた。盗掘への謝罪にはいっさい言及してはいないが、それを使うことは批判があったのか、ラウンドテーブル案と違って、使えなくなったね。

（じい）ただ、何をもって「盗掘」なのか、誰が「発掘」したものが「盗掘」なのか書いてないからね。繰り返すが東大も京大も北大も文科省も「盗掘」を認めていない。加藤さん個人は「盗掘だ」と言っているが、これが「盗掘だ」と書いていない限り、この文は生きてこない。

（ウパシ）要は、たくさんのことを言っているけれど、アイヌ民族の反対の声がないかぎり、「１８６８年以前の遺骨は、研究に使っていい」ということだね。①で、大上段に

「先住民族の国連宣言の趣旨に鑑みて」と言っているのに、結局、結論は北海道アイヌ協会の幹部が、政府のアイヌ政策の会議で出した結論と、大差ないということか。

（じい）　札幌医科大学などは、「けしからん」としか言いようがないが、遺骨年代を、○○世紀〜1868年と、下限をキッカリと1868年に区切っているのが多いからね。遺骨の下限年代がキッカリと、しかもそろえてわかるわけがない。つまり、初めから、研究使用ありきとしている。しかも、北海道の各市町村で「発掘」した遺骨の7割くらいは、札医大に預けられている。

（ウパシ）　札医大、ここまで人をバカにするかい？　格調の高い「倫理」指針案も、札医大にかかると、いとも簡単にすり抜けることができるということか。

（じい）　DNAによる日本列島に来た人間の形成、アイヌ民族の形成の研究、それがどういうものだったのかというのは、実はとても興味深いものだ。しかし、過去の犯罪、先住権に向き合うことなく、いかに抜け穴をつくるかを考える。こんなすぐに尻の割れることばかりしていて、自然（形質）人類学という学問、そしてそれを支持する「偉い人」たち、信頼できると思うかね。この期に及んで、まだだまし続けるのか！

7　倫理指針案をめぐるチャランケ（議論）

（じい）　２０１９年、安倍内閣はウポポイに集約させるアイヌ遺骨について、三つの、閣議決定をした。

①は「関係者の理解及び協力（12大学）の下で、アイヌの人々への遺骨返還を進める」

（ウパシ）　これ、ふざけているの？　盗掘した側の理解及び協力で、遺骨返還が進むわけないじゃないか！　国がアイヌの人たちと話し合って、大学に返還させるしかないでしょ！

（じい）　②は「直ちに返還できない遺骨等についてはウポポイに集約し、アイヌの人々による尊厳ある慰霊の実現を図るとともに、アイヌの人たちによる受け入れ態勢が整うまでの間の適切な管理を行うこと」

（ノンノ）　これも国がリーダーシップを取って進めてよ。

（じい）　そもそも、現在、アイヌを名乗る人がいない地域が多くある。

（ノンノ）　えー、じゃあ、これもふざけている！　永久に「アイヌの人たちによる受け入れ態勢」ができない地域がたくさんあるということでしょ。

（じい）　③は「（ウポポイの）慰霊施設においては管理する遺骨等を用いた調査・研究を行

わないものとする」

（ウパシ）一見、もっともそうに見えていよいよ、ふざけているの極致だ！　慰霊施設って、遺骨を集め、そこで祈りをささげる施設でしょ。そもそも、そこでＤＮＡの調査・研究なんて、やれるわけない。要は、他の場所に持っていって、どうぞＤＮＡ研究してくださいということですか！

（ノンノ）あーあ、日本の閣議決定、終わってるな！　何と言う政府のお歴々。閣議決定の内容のこの軽さ！

（じい）２０２０年、大阪の出原昌志さんという方が、「日本人類学会のアイヌ遺骨研究を考える会」（通称・チャランケの会）という数人の会を立ち上げた。共同代表は、木村二三夫さんと川村兼一さんでスタートした（２０２１年2月、川村さんは亡くなった）。

以後、チャランケの会は、出原さんの提案をもとに、

①12大学の遺骨研究に関わる文科省とのチャランケ

②ラウンドテーブル案、「倫理」指針案を作成する代表・加藤博文氏や、その他の委員とのチャランケ

③北海道内の遺跡調査発掘で出土した遺骨について、道教委の西脇対名夫氏との

チャランケを行った。

その中で、2021年5月20日、コロナ流行による緊急事態宣言の中、リモート会議で、チャランケの会のメンバー（木村二三夫さん、多原良子さんら数人）と、加藤博文さんが、倫理指針案について話し合った。その中で、先ほど言ったように、加藤さんは出原さんの「12大学のアイヌ遺骨（多くはウポポイの慰霊施設にある）は研究に使えない」という提案に賛意を示した。そして、文化人類学の委員と話し合いしてほしいと述べた。

（ウパシ）これ、加藤さんの融通無碍の対応がこのとき、いい方に動いたということですね。

（じい）チャランケの会は、6月1日と10日に、文化人類学会の太田好信さん（元・九州大）、松田素二さん（元・京都大）、窪田幸子さん（芦屋大）と議論した。

（ノンノ）この人たちは遺骨について、どういう考えなの？

（じい）私はラウンドテーブル案も、倫理指針案も、アイヌ遺骨を研究に使うためのアリバイ作りとしか考えていなかった。しかし、加藤さんとの話し合いで、12大学の遺骨は使えないという話が出た時点で、過去に盗掘した遺骨は使うことができなくなる、これは大きな進展だと思った。ただ、倫理指針のメンバーはどうせ官学のメンバーの集まりだ、「盗掘したアイヌ遺骨を研究に使うな」という学者は、そもそも、こういう会にはお呼びがかからないだろうと思っていた。

（ウパシ）ということは、じいさんのこの見立ては違ったということですか。

（じい）違っていた！　彼らは、過去の文化人類学の研究だって、植民地主義に基づいていた、したがって、遺骨収集した人たちと同じ趣旨の反省が必要だ、と強調した。それは（差別的な）当時の法に沿っているかどうかではない、戦前の日本が植民地支配の法のもと、「慰安婦」や「強制連行」を行ったことと同じように、過去を反省するところから始めなければならないと述べた。それは21世紀の自分たちの研究とは関係ないことだとはならない、とも言った。

（ウパシ）……！　スゴイ！　あざやかだ！

（ノンノ）それで、具体的に、アイヌ遺骨についてどういう考えを持っていたのですか。

（じい）出原氏は倫理指針案について、チャランケの会の話し合いのもと、

・『植民地主義』『人種主義』という文言を入れる
・「12大学の遺骨は研究利用できない」という文言を入れる
・「アイヌ遺骨返還に協力する」という文言を入れる
・「1868年以前の遺骨は研究利用できる」ような文言だが、「1868年」を削る

という四つの提案をし、それに基づいて話し合った。

（ノンノ）これは学者としての、ハードルが高すぎるのではないですか？

（じい）ところが、文化人類学の三人とも快諾し、さらに文化人類学は各学会の力関係で動くことはないとまで言った。私は、こういう委員会の学者に対して、初めて信用できると思った。固い決意を感じた！

（ウパシ）これを踏まえて、加藤さんと考古学会、及び（形質）人類学会はどうなったのですか？

（じい）6月14日に、加藤さんとチャランケの会の、リモート会議を行った。すでに、文化人類学の松田さん、加藤さん・太田さんは、加藤さんと話し合いしたようで、この提案を認めた。6月28日には、加藤さんと、日本考古学協会の矢島國雄氏（明治大）とも話し合い、矢島さん個人としての了解も得た。

（ノンノ）問題は、遺骨をどうしても研究したい（自然）人類学会ですね。それから、人類学会に気を使い、アイヌの先住権をないがしろにする文科省ですか。

（ウパシ）こんな研究を支える文科省、何が「文部科学」なのか！　しかし、遺骨問題は、まだまだどうなるのかわかりませんね。

（じい）文科省が自然人類学に肩入れする「錦の御旗」は、「学問の自由」という言葉だ。しかし、「学問の自由」とは、戦前の国家権力が憲法学者の美濃部達吉や、歴史学者の津田左右吉の本を発禁したことなどに言う言葉だ。人権を犯したり、民族差別をし、墓荒らしをしてきた学問を擁護する理由にするなど、笑止千万！　文科省の学術調査の担当者ともあろう「お方」、「学問の自由」について、もっと勉強してねというところだ。いや、「学力」点数の高いかれらだ。こういうことは百も承知だろう。今まで積み重ねてきて、固まった遺骨研究のあり方を堅持することが、自分達の役割だと信じているのだろうか。

（ノンノ）倫理指針案をだれがねじ曲げているのかがわかってきたね。後世に評価される「倫理指針」にするには、(自然)人類学と文科省、ここが本丸です。そして、大学で言えば、東大・京大・北大。結論はまだ見えませんが……。

（じい）これからの研究のあり方を示す、１８６８年の問題は、さらに次にお話したい。

8　出土した「遺骨」の傾向

（じい）高速道路をつくるなどのために、あらかじめその土地を試掘した結果、遺跡が出てくることがある。遺跡の中には、土器・石器などの他に、遺骨や副葬品もある。こうした中にアイヌ遺骨が、道内の各市町村教育委員会のもとに、多数存在する。

これは、もちろん「盗掘」ではない。

（ノンノ）アイヌの精神文化を大切にすると言うなら、遺跡として見つかったら、再埋葬しかないわね。そこは墓だったのだから、近くに埋葬すべきだと思うよ。

（じい）ところが、１８６８年以前の遺骨は、文化財として保護することになっている。再埋葬はしていない。ラウンドテーブル案も倫理指針案も、この年代は法的拘束力があるので動かせないという理屈だった。

（ウパシ）文化財保護などという言葉を使って、保護でも何でもない、要は再び、ＤＮＡ研究に使うだろうな。だいたい、権力が「保護」と言ったら、北海道「旧土人保護」法にしても、ろくでもないよ。だけど、法的拘束力と言われたら従うしかないのか！

（ノンノ）私にはわからない！　文化財保護って遺骨を保護することじゃないのですか？

（じい）違う！　自然（形質）人類学者に遺骨を研究するお墨付きを与えるものだ。

（ノンノ）アイヌ遺骨って、本当に文化財保護の対象になるのですか？

（じい）そもそも、文化財保護の対象に、遺骨なんて入ってやしない。

（ウパシ）エーッ！　それじゃ、法的拘束力なんてないじゃありませんか！

（じい）そこで「貝塚、古墳又は上代墳墓等」から出土したものという、文化財の事例を示す行政文書を根拠にすることにした。

（ノンノ）「貝塚・古墳」って、縄文・弥生・古墳時代のもの、上代って、せいぜい奈良時代のものでしょ。
（じい）先の行政文書を見てほしい。「等」がついているだろ。これが根拠だ。
（ウパシ）それはヒドイ！「等」をつけることで、奈良時代の墳墓として、１８６７年11月に暗殺された坂本龍馬の遺骨が使えると言う理屈だ。超・超・超拡大解釈だよ！
（ノンノ）「法律に抵触《ていしょく》する」と言うのではなく、「法的拘束力」という言葉の欺まん性！
（じい）ここに至ったのは、自然（形質）人類学ばかりが悪いとは言えない。これを認めてきた北海道アイヌ協会にも、責任の一端はある。
（ウパシ）それにしても、よくも法的拘束力があるなんて言ってきたものだ。だから、学者を全面信用しちゃいけない。これは悪用、いや詐欺のやり方だ！よくもこんな理屈をシャーシャーと。
（ノンノ）アイヌ遺骨は文化財ではない。アイヌとして生きてきた人たちの遺骨なのです。各市町村で、最埋葬してほしい。各市町村は、アイヌ施策推進法を使って、再埋葬のための予算を使えるはず。
（じい）その問題について、出原さん、木村さん、多原さん、川村さん、宇佐照代さんとともに道教委に行き、西脇対名夫さんと議論した（２０２０年12月10日）。西脇さんには、過去に全道で発掘・出土した、全時代の遺骨の資料表を作成していただいた。このとき、2008年の国連の先住民宣言を受けて、文化財ではなく、先住民族の遺骨として、再埋葬することを求めたのだが、ここでは、それとは別のことを告白しなければならない。

（ノンノ）告白とは、ずいぶんオーバーな！　何を言いたいの？

（じい）西脇さんから送られた資料をもとに、前近代の遺骨を、地域ごと、時代ごとに分けて、一覧表にしたのだが、当然、そこには傾向が出てくる。

（ウパシ）どんな傾向？

（じい）時代ごとに見ると、

①縄文文化期の遺骨は、胆振（苫小牧・厚真・虻田・伊達）・石狩（千歳・恵庭）・後志（余市）に多く（いわば、石狩低地帯周辺）、日高・宗谷・上川に少なく、十勝・留萌・空知には見えない。

②続縄文文化期の遺骨は、胆振（伊達）・釧路（釧路市）・後志（余市）・オホーツク（常呂）に多く、桧山・渡島（道南）・十勝・根室（道東）に少なく、留萌・空知・上川（石狩川中・上流）には見られない。

③オホーツク文化期の遺骨は、宗谷（礼文・稚内）に多い。

④擦文文化期の遺骨は、後志（余市）を除くと、どの地域も少なく、桧山・渡島・日高・十勝・釧路・根室・留萌・オホーツク・宗谷・上川にまったく見えない。

⑤ところが一転、アイヌ文化期には、空知以外のすべての地域に見える。

となり、さらに地域ごとに見ると、

①空知は全時代を通して見えず、十勝・根室・留萌・上川は極めて少ない。

②胆振は全時代を通して多く、石狩は恵庭・千歳、後志は余市、宗谷は利尻・礼文に多い。

となる。

ところが、こうした傾向がわかると、なぜそうなるのかという、原因を突き止めたくなる。例えば、「縄文・続縄文」文化期の遺骨はなぜ、地域的な偏りがあるのか、擦文文化期の遺骨はなぜ少ないか、アイヌ文化期の遺骨はなぜ全道から出土するのかと。つまり、歴史研究の興味が沸いてくるのだ。

（ノンノ）じいさん！　人に、アイヌの遺骨は再埋葬とか言いながら、いざ、遺骨が出土したら、研究への興味が出てくるんだ！　何なんだよ！　おかしいじゃないか！

（じい）これは私程度のしがない研究者でも、そうなのだ。まさしく、研究者の性だ。まして、学者は、そういう研究を仕事にしているんだ。そうなると、またアイヌ民族にうまいことを言って、遺骨研究ということになるのだろう。そして、うまいことを言った研究者と、アイヌ民族の中で、研究者に擦り寄る人がいて、数十年後に、彼らは小金井や清野、児玉のように、人権無視の歴史評価を受けるのだろうなあ。私がここで、いかにりっぱなことを言っても、歴史研究者の性が働く。このことを正直に伝えたい。だからこそ、学者がつくる倫理指針ではなく、遺骨返還の考えを持つアイヌ民族がイニシアチブを握る、そして学者たちと話し合った上での、遺骨の扱い方の指針をつくらなければならない。

9 アイヌ遺骨の返還をどうするべきか

（ウパシ）結局、アイヌ遺骨は、どうすべきですか？
（じい）もとにあった地域に、返還するのが筋だろうね。
（ノンノ）なぜ、できないの？
（じい）国が示した返還するための条件が、障壁になっている。地域のアイヌ団体が慰霊施設をつくり、未来永劫、それを司祭すること。

（ウパシ）なぜ、盗まれた側に、高いハードルを設けるのか、わからない！盗んだ側が、発掘した側が墓をつくるのが常識というものだろうに。

（ノンノ）それに、前に児玉作左衛門による、アイヌ民族の埋葬観が説明されていたが、アイヌ民族は遺骨の慰霊の伝統なんかないいじゃないの。「墳墓に近寄ることさえ危険視して居た」と書いてたわ。これって和人の文化伝統の押し付けじゃない！

（じい）この条件も問題だが、そもそも、アイヌ団体が存在しない市町村がある。

（ノンノ）エーッ、どういうこと？

（じい）ここでもアイヌ史の見方が必要なのだが、アイヌ団体は胆振・日高・十勝・釧路地方など太平洋地域に多い。一方、桧山・後志・留萌・宗谷などの日本海岸地域はほとんど存在せず、石狩川流域も、都市になって人が集まった札幌・江別、あるいは近代に権力と壮絶な闘いを行った旭川を抜くと、アイヌ団体は少ない。

（ウパシ）どうして、日本海岸や石狩川流域には、アイヌ団体が少ないの？

（じい）19世紀前半に、場所請負人がニシン漁のために、日本海岸のアイヌ、石狩川流域のアイヌを酷使し、あるいは天然痘などの流行病をうつし、大幅に人口を減らした。一度、減少する傾向を示した状況は、近代になっても続き、とうとう、アイヌ民族を名乗る人がいなくされてしまった。

（ウパシ）それでは、太平洋岸にアイヌ団体が多く存在するのは、ニシン漁などの漁場労働の影響が少なかったからですか？

（じい）それもある！　また、胆振・日高地方では、場所請負時代にも、シカ皮やサケなど、もともとのアイヌ文化に存在したものを産物にし、また「開拓」期以前から畑作を行い、その上、北海道「旧土人保護」法により、農耕を行うアイヌが多くいた。

（ノンノ）十勝・釧路・根室地方にもアイヌ団体が存在します。

（じい）ここは、和人の侵攻が遅かった。十勝全体のアイヌは広尾、釧路全体のアイヌは釧路川河口（釧路市）、根室全体のアイヌはノサップに集まり、そこで和人と交易した。道東地方の内陸までは、松前藩や江戸幕府は把握していなかった。道東のアイヌは、チャシ（砦）をつくり、同族内で戦いを繰り広げていたくらいだ。こうした結果、アイヌの集落は存在し続け、現在に至っている。

（ノンノ）サハリンと千島列島は、日本がサンフランシスコ講和条約で放棄し、今、ロシアが支配していますね。

（じい）このうち、サハリンは樺太アイヌ協会があるが、千島アイヌのアイヌ団体はない。

（ウパシ）北海道アイヌの場合、地域のアイヌに返還できる地域と、地域にアイヌを名乗る人がいない地域がある。いない場合は、市町村に戻して再埋葬すべきだと思う。

（ノンノ）　サハリンの遺骨は、樺太アイヌ協会と、日本とロシアの話し合いで、サハリンに埋葬するのか、道北のどこかに埋葬するのか、他の方法か、話し合うことになるわ。千島の遺骨は、千島か、道東のどこかに埋葬することになるのかな？

（じい）　そういう方法が、アイヌの社会史に沿って、しかも合理的な解決法だろう。それなのに、国、大学や人類学会は盗掘を認めたくはない、謝罪したくはない、1868年以前の遺骨をDNA研究に使いたいという思惑《おもわく》があるから、いつまでも遺骨問題は解決しない。

（ウパシ）　じいさん、今の提言、どこかで発表したことある？

（じい）　実は『アイヌ社会史と遺骨を考える』（2021年3月発行）という小冊子をつくったが、世に出す技もなく、せっかく作っても、ほとんど人に知られていないよ。まあ、田舎のじいさんのつくったものだから、そんなものだよ。

第6日目　アイヌ新法

第8章　アイヌ施策推進法の成立をめぐって

1　アイヌ施策の岩盤

（ウパシ）　ピンポーン！　じいさん、おはよう！

（ノンノ）　今日は現代のアイヌ民族の施策について、話してほしいな。その基準になっているのは、『有識者懇』報告なのでしょ。あの欠陥だらけの歴史認識で、はたしてどういう法律ができたのか！

（じい）　２０１９年5月、アイヌ施策推進法が成立した。その内容は、国際基準の先住権を視点にすると、極めて不十分で、この法律をもって、アイヌ民族の法律が「完成！」というわけには、到底いかない。

（ウパシ）　それでは、こんな悪法反対！　と言えばいいのですか？

（じい）　どう思うかは、それぞれの価値判断の問題で、私がとやかく言うべきことではない。ただ、超保守的で、日本の加害の歴史にことごとく目をつぶり、日本人（和人）の歴史万歳！　靖國《やすくに》万歳！　国会では論理のすり替えと、ダラダラと関係ないことをしゃべって相手の質問時間をつぶす、安倍晋三氏と、その取り巻きの政権がつくった法律なのだ。欠陥だらけなのは間違いない。だから、当初は、この法律はただの理念法で終わるだろう、実態はないだろうと言われていた。しかし、こういう内閣でも、ともかく不十分ながら、具体政策が示されている。これがどういう話し合い（アイヌ語でチャランケ）のもとに示されたか、それはおそらく数人しか知らないだろう。

（ウパシ）アイヌ施策推進法がどういう話し合いでできたかって？　それは政府の言う通りになる「有識者」の意見を聞き、それを政府の意向をもとに官僚がまとめ、原案とし、野党は少数だから、何か言うが、木で鼻を括ったような答弁で否定されて、多数決で成立！　ということでしょ。いつものことですよ！

（ノンノ）質問する議員の背景には、数万人の票を入れた国民がいるのです。そして、その質問者は、人格を持った一人の人間です！それを人を小バカにして、おちょくった議論しか見られない。彼の内閣の数年間、無力感、やりきれなさばかり感じてきたわ。

（じい）実は、先住権を求めるアイヌ民族のリーダーたちと、その仲間の和人たちの議論がずいぶん入って、やりようによっては、ある程度、政策実現できるようにしている。

（ウパシ）本当ですか！　そんな話し合い、聞いたこともない！

（じい）ここに書かなければ、おそらくは歴史から消される。実は私はその内容を事細かく、個人の手記として、文字化をしている。しかし、あまりに「今」の問題で、誰がどう発言したとか、生々しすぎて、逆に世の中に出せない。だから、私を含め、ここで発言した人、行動した人のほとんどがこの世を去り、アイヌ施策推進法に代わる、よりましなアイヌ新法が成立する（という願いをもっている）30年後あたりに、「実はこんな話し合いがあったんだ」という歴史史料に取っておきたい。後世の歴史家の研究史料としては必要だと思うからね。

（ウパシ）それじゃ、私たちには、この法律がつくられた経緯が30年後までわからないということ！

（じい）それでは私はこの世にはいない。だから、生々しい部分を抜いて、今、公表してもいいところだけでも言っておきたい。公的な行動、公になっていること、あるいはここまでは言っても大丈夫だろう、ということに限って説明する。人名も、公にするには躊躇がある人は、アルファベットの仮名《かめい》にする。

そういうわけで、この法律を何の疑問もなく、利用する人たち、あるいは現代のアイヌ政策って何なのか考える人たちに、この法律の成立過程について知ってほしい。

（ウパシ）経緯はわかった。さっそく、お話をしてほしい！

（じい）2016年、アイヌ文化財団で、北大アイヌ・先住民研究センターのA氏という法律学者が講演を行った。彼は単なる一研究者ではなく、政府のアイヌ政策の座長も行っており、その発言は重要である。

（ノンノ）中村睦男氏〜常本照樹氏〜A氏と連なる、北大法学部出身のアイヌ政策の中枢（学閥）の系譜ですね。

（じい）ところが、この講演を聞いた札幌アイヌ協会の会員の一部から、「この講演、差別としか考えられない」という声が上がった。当時、若月美緒子さんが長となる「教科書のアイヌ民族記述を考える会」に、何が問題なのか、分析の依頼が来た。

（ウパシ）それで、何が問題だったの？

（じい）アイヌ民族の先住権を推進するときには、「開拓」以来の日本帝国がアイヌ民族に行った政策の評価が欠かせない。ところが、彼の講演には、アイヌ民族の基本的歴史は間違いだらけ、アイヌ文化へのひやかしともとられる言葉、さらに日本帝国がアイヌ民族のために「いいこと」をしたかのような歴史評価が見られた。講演で多少の間違いを言ってしまうことは誰でも起こる可能性がある。しかし、私のような市井のじいさんでさえ、アイヌ史を冷やかしてるのかと感じた。ただ、ここで問題なのは、彼が国のアイヌ政策の座長を行っていたということである。彼はついに間違いだらけの歴史理解を訂正することなく、今に至っているが、政治的対応に長けた彼の先輩達とは違うので、A氏としておきたい。

（ウパシ）２０２１年3月にお笑い芸人が日本テレビで差別発言をしたら、北海道アイヌ協会を含めて、一斉に批判をしました。こうした地位にある人に対しても、当然、きちんと批判したのでしょ？

（じい）北大アイヌ・先住民研究センターも、北大法学部も、一部の人を除いてA氏の擁護にまわり、早々と北海道アイヌ協会の幹部と手打ちができた。日本テレビが謝罪し、私たち（チャランケの会）と何度も話し合い、歴史を学び、社員の啓蒙に真剣に取り組んだのとは大違いだ。『教科書のアイヌ民族記述を考える会』では、北大法学部の教員と北大アイヌ・先住民研究センターの一人一人のスタッフの名前を調べ、一人一人にA氏の講演について、個人あてに意見書を送ったが、北大幹部の誰かが回収したらしく、本人にはことごとく届かなかった。

（ウパシ）個人宛の封書を本人の了解なしに抜き取るのですか！　憲法も人権もあったもんじゃない！

（ノンノ）徹底して、批判を無視し、裏で握りつぶすという作戦ですね。

（じい）結果、A氏の講演をめぐる集会が開かれ、たくさんのアイヌの人たちや、それに関心を持つ市民が集まった。なお、一言お断りしておくと、一人一人にお手紙が送られたことを後に知って、北大アイヌ・先住民研究センターの丹菊逸治さんからのみ手紙が来た。

こうなると、A氏の講演と、それに疑問を持った札幌アイヌ協会員の問題では終わらなくなった。A氏の背景にいる、北大法学部、北大アイヌ・先住民研究センターの幹部、北海道アイヌ協会の幹部、つまり、アイヌ政策岩盤が、片一方にいる。それに対し、政府のアイヌ政策に意見さえ言えずにきた人たち、先住権を進めてほしいという人たちがもう片一方にいる。

（ノンノ）もはやA氏の講演の問題でなく、先住権に圧力をかける「主流」派と、それはおかしいという先住権を求める人たちの対立になったのね。

（じい）この問題は、結局、北大のアイヌ政策の中心となって「活躍」されている先生たちによって、握りつぶされた。しかし、ここには、アイヌ政策の壁とも言える大きな問題が土台にあることが明確になった。

アイヌ政策は、アイヌ政策岩盤の学者たちが握り、政府と議論できるアイヌは窓口一本化で、北海道アイヌ協会の幹部だけ。そして、かれらが決めた意向を受けて、アイヌ文化財団が運営される。だから、この決定には一部の学者を除いて、多くの「アイヌ学」学者は逆らえない。この岩盤は不動のものだ。

（ウパシ）これでは、アイヌ民族の先住権は全く進まないな。

（ノンノ）これ、アイヌ政策岩盤の学者たちは「アイヌ学」村とも言えるわ。

（じい）一方、先住権を求めるアイヌ団体は、一つになって闘うことが少なかった。北海道アイヌ協会の中で少数派として先住権を求める人たち、旭川アイヌ協議会、少数民族懇談会、首都圏のアイヌ四団体などがそれぞれ、先住権を主張しながらも、どこも政府と直接話し合うことができないでいた。

（ウパシ）何とかならないの？

（じい）ところが、これらのアイヌ団体が一つになり、モノ言う場面が何度かあった。当然、それに対し、アイヌ政策岩盤が潰しにかかる。その一回目がアイヌ文化財団の出版したアイヌ民族副読本が、歴史「修正」主義者によって批判されたことを受けて、副読本を全面改訂しようとし、合わせて北大アイヌ・先住民研究センターでほぼ完成していた高校用副読本を批判もされていないのにお蔵入りにした事件だ（２０１１年）。

（ノンノ）小中学生用のアイヌ民族副読本「改悪」が、広範な反対運動で元に戻った事件ですね。

（じい）こちらは元に戻ったが、高校の副読本は、小中学校版で権力に抵抗した人のみをわざわざはずして、山川出版社から新しくつくり直したことは前に述べた。そして、二回目にいくつかのアイヌ団体がもの申したのが2017年のA氏講演事件だ。

（ウパシ）結局、A氏講演事件はどういう流れになっていったの？

（じい）アイヌ民族と和人の有志で新たな会をつくり、A氏講演事件の解決を、内閣官房のアイヌ政策担当者に迫った。そして、この流れが、アイヌ新法に向けて、先住権を求めるアイヌの意見を具現化するように話し合いに応じろということになっていく。

（ノンノ）「アイヌ学」村の幹部と、北海道アイヌ協会の幹部が政府と手打ちをして、アイヌ政策はおしまいというアイヌ政策岩盤に、穴が開いたということですか。

（じい）この新たな会の名前を「先住民族アイヌの声実現！実行委員会」（以下、実行委員会と略称）と言う。

2　窓口一本化を破る

（ウパシ）この新たな会はどういう目的で、どういうメンバーがいるのですか？

（じい）私は大阪の出原昌志氏に連絡した。彼は、首都圏の四団体と旭川アイヌ協議会と連絡ができる。A氏講演事件で集まった各団体によって、北海道アイヌ協会を越える、先住権を求めるゆるやかな大同団結ができないかということを提案した。アイヌ民族を委員長にして、アイヌ民族を過半とするアイヌ政策審議会をつくる、そこでは先住民族の権利に関する国連宣言に基づくアイヌ新法をめざすことを話し合った。そして、多原良子氏（メノコモシモシ）と、川村兼一氏（旭川アイヌ協議会）が共同代表になった。

（ノンノ）しかし、組織はできたものの、誰と交渉するのですか？　今までも、集会を開き、多くの人に訴えるが、アイヌ政策岩盤はビクともしなかった。

（ウパシ）まして、政府とチャランケ（議論）できるのは、北海道アイヌ協会の幹部だけという、窓口一本化の壁もあります。

（じい）出原氏は「A氏講演問題で、多くのアイヌの人たちが不信を持っているのに、アイヌ政策岩盤は逃げて話し合いに応じない。内閣官房はアイヌ民族の声に耳を傾けるべきだ」と主張し、2017年4月7日、内閣官房のB氏と第1回チャランケを行った。場所は東京駅の八重洲方面のアイヌ文化交流センターで、以後、7回までここでのチャランケが続く。そして、同時にA氏と、それからA氏講演問題を握りつぶし、実質、アイヌ政策を牛耳ってきた常本氏の、アイヌ政策委員からの解任を求める署名も集め始めた。B氏は、アイヌ政策岩盤以外の私たちとのチャランケに応じた点で大きく評価するが、影で手練手管《てくだ》をろうすることもあり、本名は示さない。

（ウパシ）ついに、窓口一本化が崩れましたね。

（じい）第2回チャランケは、6月16日。冒頭、石井ポンペ氏がカムイノミを始めた。ところが、前日、内閣官房B氏の手打ち「外交」が行われていた。北海道アイヌ協会と、アイヌ文化財団の幹部と手打ちができ、A氏講演問題は解決したと言った。ここで怒りを持ったのが首都圏の宇梶静江氏で、「こう言って、和人は私たちを騙し、差別してきた」と言い、川村氏も多原氏も発言した。さらに、その日まで集められた、常本氏解任を含む署名（それはアイヌ民族に限ったものだ）をB氏に渡した。いつもの、適当に上部だけの手打ちで終わろうと、高をくっていたB氏も、これで本気で対応する気になっただろう。

（ノンノ）内閣官房のB氏も、本腰を入れざるを得なくなったのですね。

（じい）9月8日、3回目のチャランケ。『有識者懇』報告が「アイヌ民族は文化に深刻な打撃を与えた」としか書いていない問題、北海道新聞に「アイヌ新法は理念法だ」という記事に対する疑念を正した。前者はサケ漁もシカ猟もつまり生業を奪われ、土地も資源も奪われたではないかということを議論し、後者は国連宣言の第1条から見ていくと言った。後者は大きな意味を持つ。最後に、次回には政治家を傍聴に入れたいと提案したが、B氏は断固、拒否した。

ここから、A氏の講演内容から、アイヌ新法にどう取り組むかということに、話題が広がっていった。ただ、このチャランケにアイヌの若者が一人も参加していないことに気付いた。というよりも、若者たちで先住権を訴えている人がいるのかどうか。これは和人を含めた日本全体の状況で、大勢から見たら、若者のほうが保守的で、世の中を変えよう、お上の言うことに批判するという意識が少なく、年齢が上の層のほうが変革を求める人が多い。

（ノンノ）政治に意見を言おう、お上にもの言おうということに、警戒する若者たち。だから、本当のことを伝えてもらうために、ここでアイヌ史から初めて、6日に渡って、学習をしてきているじゃない。

（じい）　3回目のチャランケの後、アイヌ民族を委員長にして、委員の過半をアイヌ民族にし、ジェンダーを考慮するアイヌ政策委員会、その内容は国連の先住権をもとにしたアイヌ政策をつくるべきだという署名を広く国民に書いてもらうことにした。常本氏らは国民にアイヌ民族の先住権が理解されていないから、そういう施策は無理だという論法を展開しており、それに対抗するために、草の根から、アイヌ先住権を理解してもらい、しかもそれを安倍首相にまで届けることにしたのだ。北海道教職員組合の長田副委員長に頼み、北海道平和フォーラムを動かし、さらに京都府・奈良県・滋賀県・埼玉県・兵庫県の平和フォーラムが署名活動し、また、北海道内のキリスト教、全国の部落解放同盟も署名に参加してくれた。

（ノンノ）　常本さんの論法、ただ「お国」に忖度し、最初から先住権を進める気がない、それを後付けで説明しただけでないですか！

（じい）　11月17日、4回目の内閣官房とのチャランケが行われた。アイヌ民族のメンバーとして、紋別の畠山敏氏が加わった。畠山氏は漁業を職業としており、先住民族のクジラ漁の権利、サケ漁の復活を訴えた。ここで、アイヌ民族の「資源の権利」について議論になり、B氏はモデル事業として、地域でサケ漁を行い、これを踏まえて広げていってはどうかという提案をした。さらに川村兼一氏が「奪われた土地の権利」を訴え、B氏は土地の実態に応じた権利回復をめざすと言った。その後、宇梶氏が「政府はいつになったら、権利を回復するのか」と迫ると、B氏は次々国会の通常国会までには法案を出したいとし、その内容は、

1　アイヌの生活
2　アイヌ文化
3　世界の先住民族政策と比較していく（ニュージーランド、オーストラリア、アメリカ合衆国、カナダ、北欧諸国、台湾などを参考にする）

と言った。そして、そのために、今年度中（２０１９年3月まで）に各地のアイヌに聞き取りを行うと説明した。

多原氏が「生活と文化は一体であり、歌・踊り・工芸品だけを切り離したものではない」「各国の政府だけではなく、それぞれの先住民族にも聞いてほしい」と注文を付けた。

（ウパシ）アイヌ新法について、具体的な動きが始まったのがわかります！

（じい）私たちは、内閣官房が各地を回るなら、そこでも積極的に意見を言うことにした。

3 ネガティブ・キャンペーン

（ノンノ）アイヌ新法をどのような内容にするか、アイヌ民族、市民向けに、あるいは政治家に向けて、動きが必要ですね。

（じい）東京にいる国会議員対応は、大阪の出原氏、東京の谷口滋氏、多原氏が中心に行動し、民進党の神本氏、立憲民主党の大河原氏が動いてくれた。

さらに、平取で遺骨返還の活動を行っている木村二三夫氏も仲間に加わった。北海道アイヌ協会の中で、札幌・平取・白老は多くの会員を持つ協会である。

（ウパシ）北海道の国会議員がいませんね。

（じい）そうなんだ。２０１８年1月に、北海道（旭川）の立憲民主党の佐々木隆博氏にお願いに行った。佐々木氏が北海道の立憲民主党の代表を行っていたからだが、北海道の野党議員の中に北海道アイヌ協会の関係を気にしているのか、先住権を進める動きを抑制させようという人がいた。

（ノンノ）ウーン、それは困ったものね。

（じい）それだけではない。事務局として、全体の活動を出原氏、首都圏を谷口氏（ペウレ・ウタリの会）、北海道を私が担当したが、その中の一人に対して、ネガティブ・キャンペーンが起こった。「アイヌ民族は彼と付き合うな」という怪電話が回った。中心に動いたのは、北海道アイヌ協会幹部で、他に首都圏の文化人からも東京アイヌ協会の人に電話が行った。

（ノンノ）それらに、本当は黒幕がいるのではないの！

（じい）その通りだ。何と、本当の黒幕は内閣官房のB氏だった。

（ウパシ）真剣にアイヌ民族の先住権を訴える運動に、恐ろしくなったということか。

（ノンノ）だけど、その手先に使われる和人たちも、どうかと思うよ。

（ウパシ）安倍政権にもの言う文科省次官の前川喜平氏に、内閣官房と読売新聞がタックルを組んで、ネガティブ・キャンペーンを流したことがあったね。

（じい）彼らは、真実はどうでもいい、今、攻撃されている矛先をはずすために、世論に「こんなことがあったか」と思わせ、あるいは仲間を疑心暗鬼にさせ、うまく行けば分断させればいいとしか思っていない。

（ウパシ）しかし、全国に先住権を求める署名が集まっているのでしょ。

（じい）北海道アイヌ協会の一人から電話があった。内閣官房からの先ほどのネガティブ・キャンペーンのことと、北海道アイヌ協会は、この署名に賛同するアイヌを「処分」するように理事会にかけるという。

（ノンノ）そういうギリギリの状況の中で、より進んだ先住権の訴えに対し、北海道アイヌ協会が「処分」を検討するとは、悪い冗談としか思えないな。

（じい）3月29日に、北海道の立憲民主党、民進党、共産党の国会議員のすべてと、社民党を含む全国の人権派国会議員に、衆議院第二会館に集まってもらい、多原氏、宇梶氏、川村夫妻、石井氏、畠山氏、さらに事務局の和人が先住権の説明を行った。この場には、広瀬健一郎氏、松井健一氏などの、先住権を真摯に進めようという研究者も来た。

（ウパシ）あんなにネガティブ・キャンペーン、分断工作を行っていた内閣官房B氏とのチャランケはどうなったの？

（じい）翌日の30日、全国の7万7077人の署名を持って、東京のアイヌ文化交流センターに、私たちは集合した。すると、内閣官房のB氏は北海道アイヌ協会と、アイヌ文化財団の幹部を呼んでいる（5回目のチャランケ）。それに対し、二人は交渉相手ではないとして退席を求めるが、そのことで議論になる。さらに署名を受け取らない・受け取れの議論になる。札幌・紋別・旭川のモデル事業の話し合い、最後にネガティブ・キャンペーンへの抗議となった。結局、二人は退席、数万の署名も受け取り、ネガティブ・キャンペーンなど知らないと白を切るB氏に対し、動かせない事実を突きつけ、次回のチャランケも約束させた。

（ノンノ）すさまじいやり取りが伝わってくるよ！

（じい）ところが、この5回目のチャランケの後、実行委員会のアイヌに対する、別のネガティブ・キャンペーンが起こった。「不正なお金をもらっている」という、まったく根も葉もないデマだが、それを信じた仲間が、実行委員会をやめていった。この動きの首謀者は、北海道のアイヌと和人だ。彼らはインターネットを使い、偽情報を流した。こうした分断攻撃を受けて、6月28日、6回目のチャランケになる。その間、出原氏と谷口氏が衆議院・参議院の野党各派を回り、政府案と、私たちの案の違いを説明に歩いた。それにしても現代科学の粋を集めたインターネットで、いくらでもデマを流し、それがおとがめなしで済む、人間という生き物のレベルを感じるな。私は、先住権を進めるアイヌに、ささいな違いを取り上げて、和人が確執・分断をあおる状況を見るにつけ悲しくなる。

（ノンノ）こういう情報って、流された直後は、正しい情報か、相手を追い落とすためのガセネタかの、判断が難しい。真偽がわかるまでしばらくかかるが、ガセネタと分断工作とわかったときには、すでに結束が乱れ、闘争のパワーが削がれるよね。

（ウパシ）それにしても、デマ情報を流しても、かれらは胸が痛まないんだなあ。

4　アイヌ新法に向けて

（ウパシ）6回目のチャランケの目標は何ですか？

（じい）実行委員会からのアイヌ政策案への認識と、政府が検討しているアイヌ新法の内容について聞きだすこと、前回、B氏から提示のあったモデル事業案について説明すること。これらを議論することである。

内閣官房のB氏は、「地域・産業振興」ということで、従来の北海道の福祉対策を超えるものにすること、遺骨問題は地域に戻す枠組みを作ろうとしていることなどを述べ、アイヌ民族の特別議席は憲法との整合性から言って、アイヌ政策推進会議の場を越えていると言った。ただ、このとき、驚くべきことをB氏が言った。

（ウパシ）何ですか？

（じい）内閣官房は、各地のアイヌからの聞き取りを行っていたよね。その資料を別ルートから手に入れた私たちは、対立する意見にアンダーラインが付いているのを見つけた。

国は「謝罪すべき」と「未来志向で行くべき」は後者に、「遺骨は象徴空間に」と「地域返還」は前者に、「遺骨を用いた研究を進めるべき」と「強い抵抗感あり」は前者に、アンダーラインが引かれていたのだ。

（ノンノ）何ですか？　これでは政府の方針や、アイヌの先住権を無視してきたアイヌ政策岩盤の方々の言うこと、そのままではないですか？

（じい）これはアイヌ政策岩盤の方々によるものではない。北海道アイヌ協会の幹部が「謝罪」「地域返還」「抵抗感」をカットせよと言い、B氏がそれを拒否したら、それでは「そうでない方にアンダーラインを引くように」主張したと言う。

（ノンノ）ここまで来たか。言葉が出ないわ……。

（じい）10月15日、石井氏と北見紋別に行った。内閣官房が畠山氏から、紋別にある316体のアイヌ遺骨の対応、アイヌ民族の漁業権の在り方や、儀式のサケ捕獲について聞き取り、どうするか話し合うことになっていった。この話し合いに参加するためである。

アイヌ遺骨は紋別市と対応するということ、儀式のサケ捕獲は知事の許可を得なくても「儀式がある日をあらかじめ届け出れば、認められる」ということを確認した。ただ、この確認は反故《など》にされ、翌年の鈴木道政下で、儀式のサケ2匹の捕獲に対し、水産資源保護法違反として書類送検されてしまった。

（ウパシ）北海道の自然を食い荒らしてきた日本権力が、アイヌ民族がたった2匹儀式用に獲ったことをもって、書類送検とは！

（ノンノ）それに「中央」官僚との口約束なんて、後で「言った、言わない」の議論になるし、政治の転換があれば「白を黒と言いくるめる」、そんなの当たり前ということか！

（じい）10月15日、アイヌ新法を提示する前の大事な話し合いとして、内閣官房のB氏との7回目のチャランケとなった。

交付金が地方の市町村に入るということが議論になった。かつてのアイヌ政策の補助金のような、道路やら、港やら、公共事業費にされるのではないかと言うと、「遺跡調査費や博物館などに使える」と言う。多原氏は「（和人の学者のための）遺跡調査費はいらない」と反論した。ただ、今回は北海道だけではなく、全国のアイヌ民族が対象だということだった。

（ウパシ）アイヌ民族の意志が政策決定にどうつながるの？　ここが大事でしょ！

（じい）B氏が言うには、道市町村の場合、①計画段階からアイヌが関わることができる、②実施の反省やチェック機能についてもアイヌが関わる、③アイヌとは北海道アイヌ協会とは限らず、その地域のアイヌ団体が関わる、④地域によって、アイヌへの予算が違うので、基本線は国が決める、⑤この各自治体は北海道外も含む、ということだった。私たちが要求してきた、国レベルの施策のアイヌ民族の意思決定を確認したが、それは「今の状況では言えない」の、一転張りだった。「今は言えない」とは、「まだ秘密にしておいてほしい」という場合と、ゼロ回答だから議論したくない場合がある。これは後者で、「今の状況」どころか、全く存在せず、国のアイヌ政策に対する民族自決権はゼロだった。

（ノンノ）国レベルの民族自決権はゼロ回答でしょうが、この①〜④は大きいことではないですか？　各地のアイヌが運用面で狩猟・漁労などの資源の復活、遺骨返還の方法も一歩進めることができるようになったのだから。

（ウパシ）おれもそう思う。

（じい）しかし、その後、そういう動きをしたアイヌ団体とか、市町村とかは、限られている。せっかく、こういうことができるのに！と思う。

（ウパシ）遺骨についてはどう言っているの？

（じい）①祭祀者がいる場合は返還する、②訴えがあったら、今までの裁判で出てきた結果を踏まえて返還する、③地域で返還すべきという意見と、返還すべきではないという意見が対立しているときは、裁判で決めてほしい、ということだった。

（ウパシ）地域で、返還派と、反返還派が対立している地域って、あるのですか？

（じい）B氏が例に出したのは、新ひだか町だ。ここは、アイヌ遺骨がもっとも多く盗掘された地だ。ここで、反返還派が闘うシャクシャイン像も壊し、和人権力と協調する道を選んだ。一方、返還派は闘うシャクシャイン像を再建している。

（ノンノ）「遺骨盗掘についての（国・大学の）謝罪はないのか」とずいぶん詰め寄ったが、「個人的な想いはある」としながらも、答えなかった。

これは理想と比べると、ずいぶん問題はあり、国家としての謝罪や、先住権についても触れていません。しかし、地域でアイヌの活動を行う、その場合にアイヌ民族が強く関与できる、遺骨も裁判なしで返還できるということで、やり方によってはアイヌ民族の要求を達成できる場が増えたような気がするわ。

（ウパシ）これで、アイヌ施策推進法は決まりですか？

（じい）出原氏や谷口氏、多原氏らは、北海道選出の野党議員、道外の賛同してくれる議員を廻り、新法（予定）の分析と問題点を説明して歩いた。そんなとき、北海道アイヌ協会幹部にのみ、遺骨返還の条件として、①祭祀者がいる場合、②埋葬地と納骨堂をそろえている場合に認めるという意向を示し、このうち、②には「取り扱い注意」という文言が入っていた。アイヌ団体は他にもあるのに、要は北海道アイヌ協会幹部のみに、秘密裏に知らせたんだ。

この②は各地のアイヌが遺骨返還を求めにくい、足かせになった。

（ノンノ）こうして、アイヌ施策推進法が成立したのですね。超国家主義的な安倍政権に対し、ここまでよくやったということですか？

（ウパシ）「理念法で終わるのではないか」と言われていたのに、ともかく、ここまでこぎつけたからネ。

（じい）さらに出原氏、谷口氏らがアイヌ施策推進法の附帯決議に同法の問題点を載せるのと、国会の参考人招致で先住権を明確に説明できる人を選出するのに、尽力した。これらは北海道の立憲民主党議員は北海道アイヌ協会との関係を絶ち切れない議員がいたため、力になってくれなかった。結局、北海道外（九州）の立憲民主党議員が動いた。

なお、国会での参考人招致は、日本維新の会の動向がネックになって、国会ではなく、北海道で行われた。

5　遠い「先住民族の道」

（じい）アイヌ文化財団の成立以来、アイヌ文化伝承や、アイヌ関連書籍の出版のために、同財団に、さまざまな団体や個人が、助成金を申請してきた。ところが、昨年まで認められた事業を含め、実行委員会のメンバー5人が、それぞれ別の申請をし、5人とも不承認となった。

（ウパシ）それ、お上に意見を申した意趣返しでないのか。そう言えば、内閣官房のB氏が実行委員会とのチャランケを嫌がっていることも知っていただろうし、そもそも、内閣官房との5回目のチャランケのとき、アイヌ文化財団の幹部を議論に入れようとして拒否されたじゃない。

（じい）これはアイヌ文化財団が過去にもやった手口、お家芸なんだ。アイヌ民族副読本修整事件のとき、『アイヌ語古語辞典』の助成を申請したら、すさまじい理由を並べて、切られたことがあったよ。

（ノンノ）しかし、アイヌ文化財団は、アイヌ文化を後世に伝え、発展させるための組織でしょ。そんな恣意的な意地悪、ありなの？

（じい）この状況を、野党の国会議員たち（いずれもアイヌ施策推進法について質問に立つ議員）に伝えた。すると、共産党の議員がこの年度の、全申請者のうち、申請が認められた個人・団体と、認められなかった個人・団体の一覧表を手に入れた。

（ウパシ）何らかの傾向がわかりましたか？

（じい）わかったよ！　私たち実行委員会以外でも、遺骨を返せとか、あるいはお上に意見を言った団体、及びそこと付き合いのあるものは申請から落とされることが多く、あるいは北海道アイヌ協会の主流派は軒並み認められるという傾向があった。ただ、アイヌ民族文化財団の管理職は偶然だと言っていたが……。

（ノンノ）やっぱり、偶然ではないの？

（じい）まあ、この傾向が偶然ならば、1万分の1あるかどうかの偶然が重なったのでしょうよ（笑）。アイヌ文化財団の「上層」部にとって、アイヌ文化の伝承・普及・発展は、二番目の目的。一番の目的は、権力の風向きを正確に感じ取ることだ。

（ノンノ）それでどういう手続きで、合否を決めていたの？

（じい）3月の2日間で、膨大な数の申請を、数人の委員で決めると言っていた。

（ノンノ）そんなこと、物理的に無理でしょ！

（じい）そこで、石井氏、葛野次雄氏、畠山氏、木村氏らといっしょに、アイヌ文化財団にチャランケに行った（6月5日）。アイヌ文化財団は2人の幹部が対応した。結果、二日間で決めることは、無理ではないことがわかった。アイヌ文化財団幹部の4人が、あらかじめ「この事業にはこういう問題がある」と原案を示し、それをたたき台にして、話し合うだけだからね。

（ウパシ）それは普通、結論ありきの出来レース、八百長と言う！

（じい）　彼らは「予算が限られているから」と言い訳したが、それならば、アイヌ文化伝承・発展に必要なものは、どれも差別せず、一律○割カットとか、やりようがあるのではないかと申し入れした。

（ノンノ）　アイヌ遺骨を返せ、アイヌ施策推進法を少しでもまともに近づけたい、いや、この法律はこんな問題があると指摘した人たちが、アイヌ政策を少しでも進めているのに、そうした人たちが「偶然という名」でアイヌ文化財団から、干されるのか。

（じい）　歴史とはそういうものだよ。真っ当な意見を言われるのは、お上に取っては、耳が痛いもの、聞きたくないものだ。歴史上、そういう人たちは皆、不当な扱いを受けてきた。そういうお上に大切にされるようになったら、人間、恥だと思ったほうがいいよ。

（ウパシ）　「アイヌ民族の先住権の道」など、まだまだということか。

（じい）　ところで、まもなく、アイヌ施策推進法が成立するという、その直前、北海道は与野党対立の、知事選挙を行っていた。与党・鈴木氏、統一野党・石川氏の両者に、公約として、アイヌ民族の先住権についての考えを入れてほしいと手紙を書いた。選挙結果は、若くハンサムな鈴木知事が勝利したのだが、統一野党候補の石川ともひろさんが、アイヌ政策について、すばらしい見解を示した。私は石川さ

ん と何の利害関係もないが、これは、今後の多くの政治家が継承してほしい内容なので、紹介したい。

・私、石川ともひろが衆議院議員を務めていた2008年、「アイヌ民族を先住民族とすることを求める決議」が衆参両院で全会一致で採択されました。これはその前年、国連において「先住民族の権利に関する国連宣言」（以下、国連宣言）が採択されたことを踏まえ、「宣言の趣旨を体して具体的な行動をとることが、国連人権条約監視機関から我が国に求められている」とした上で、アイヌ民族を「先住民族と認めること」と、「アイヌ政策を更に推進し、総合的な確立に取り組むこと」を決議したものです。

しかし、政府が閣議決定し今国会での成立をめざしているアイヌ新法（アイヌの人々の誇りが尊重される社会を実現するための施策の推進に関する法律案）は、残念ながら国連決議に沿ったものとは言えません。なぜなら同法案は、アイヌ民族を先住民族と認めたものの、国連決議が求めている先住民族の自己決定権をはじめ、土地・資源・言語・文化に関する権利の保障といった先住権について全く触れていないからです。

また、アイヌ民族に対する過去の不正義、侵略の歴史への反省は法案に言及されておらず、政府も謝罪をしていません。北海道開発はアイヌ民族抑圧の歴史でもありました。私・石川ともひろは、過去の不正義・侵略の歴史に対して、知事として謝罪することからアイヌ民族施策をはじめます。そして、私はアイヌ民族に関する施策をアイヌ民族抜きに決めません。アイヌ民族のみなさんの参加の中で、国連宣言と国会決議の趣旨に叶う、国際基準のアイヌ民族政策、アイヌ民族施策をすすめていきます。

（ウパシ）オーッ、かっこいい！　感動した！

（ノンノ）こんなすばらしい文、今までの政治家の誰一人言わなかった！

（じい）原案は、片桐真氏という方が考えた。

（ウパシ）石川氏は選挙では敗れたものの、次代の政治家が踏襲してほしいし、もし、石川氏が何らかの形で、政治に関わるならば、この思いで政治を進めてほしい。

（ノンノ）アイヌ民族の新たな歴史は、こういう想いを国民や政治家が持つところから、始まると言える！

（じい）さて、今日はこれで終わる。明日は対談の最後の日だ！　知里幸恵の『アイヌ神謡集』を持ってきてほしい。

（ノンノ）あらかじめ、宿題として、読んでおくの？

（じい）今の教育、狭い狭い意味の「学力」の点数を上げるため、宿題と家庭学習を強要し、膨大な夏休み帳をさせ、学ぶことの飽和状態になっている。これでは、みんな、学校から離れた瞬間、学びから離れてしまう。だから、宿題なし！

（ノンノ）そう言われたら、読みたいデース。家庭学習は私の自由でしょ。

（ウパシ）それなら、オレもおもしろそうだから、読んでみるよ。

ところでじいさん！　歴史認識をめぐって、アイヌ政策岩盤や教育委員会との闘いの日々だったんだね。もっと要領よくお上手に生きることができなかったのかい。

（じい）不器用に生きてきたからこそ、市井で生きてきたからこそ、アイヌ民族の今の姿、「アイヌ学」学者のふるまいを、じっと見ることができた。曲学阿世の研究者にならずにすんだ。「お上手に生きろ」とは「魂を売れ」ということか？　フンだー。そんなことをしてまで、落ちぶれたくないね。家族にはいっぱい心配かけたけれど、歴史の学びを楽しみ、それを行動と一致させることのできた人生、悔いはないよ。

（ウパシ）ところで、最後に聞きたいことがある！　じいさん、あなたは何者？

（じい）……。

（ノンノ）あれ、じいさん、眠ってしまったよ。年だからね。そっと、帰ろ。

第7日目　未来への眼差し

第9章　『アイヌ神謡集』の世界

1　『アイヌ神謡集』序

（ノンノ）　ピンポーン！　じいさん！　知里幸恵『アイヌ神謡集』を持ってきましたよ。

（ウパシ）　今日で7日目。いよいよ最後の日ですね。じいさんに聞きたいのですが、なぜ、「アイヌの学び」の最後に、『アイヌ神謡集』を選んだの？

（じい）　昨日まで、アイヌ政策の根本の『有識者懇』報告がいかに政権を擁護する歴史認識か、あるいは、アイヌ遺骨返還をめぐる問題、アイヌ施策推進法成立をめぐるチャランケを示していった。日本の権力によるアイヌ政策はおかしい！　それを支える学者（「アイヌ学」村の方々）がアイヌ政策を牛耳っている実態をしっかり見て！　ということを言ってきた。

（ノンノ）　おかげで、「アイヌ学」村の方々と、政府（内閣官房）のアイヌ政策の方々が支配する、アイヌ政策岩盤の存在がよくわかりました。

（ウパシ）　昨年、ウポポイに行き、そこに示されているのが、当たり前に、アイヌ・ワールドだと思っていました。しかし、アイヌ政策岩盤の人たちが創ったウポポイです。確かにアイヌの若者たちがここに集まり、一生懸命に働いている姿を見て、「アイヌ文化を私たちに伝えよう」「アイヌ文化を後世に伝えていこう」という気持ちが痛いほど、伝わりました。

しかし、アイヌ文化が生活から離れている、例えば、チセ（家）を見ても、そこにアイヌの生活の匂いがまったく感じられなかった。

ホールでの目映いほどの映像を見せられたが、アイヌのフチ（ばあちゃん）、エカシ（じいちゃん）がチセで、あるいは野外で伝えてきた文化という真実の姿と比較しても、生活実感とかけ離れたものだと思いました。

（ノンノ）各地のアイヌの若者がここに集まっています。本来、アイヌ文化として基盤となる部分は共通であっても、地域ごとに存在していたアイヌ文化です。それなのに、地域の若者の担い手が取られてしまって、衰退していくのではないかという懸念も持ちました。ウポポイのような、アイヌ文化のセンターの存在もわかりますが、地域のアイヌ文化保存、さらには発展との両立はできないのでしょうかね。

（じい）各地域のアイヌの若者をここに集めたウポポイだが、菅義偉さんは安倍内閣の官房長官時代、年間100万人集めるべきだと言い、観光資源として脚光を浴びることを目指した。

（ノンノ）菅さんは、新型コロナのワクチン接種も一日100万人をめざすという。100万人が好きですね。思い付きですぐに100万人！　一言発したら役人が、国民がハハーッて従う。権力者だねえ。

（じい）年間100万人ということで、北海道の各教育委員会は、各学校の修学旅行がウポポイに行くように、さかんに要請する。

（ノンノ）教育委員会の要請って、教育現場では強制に近いものがありますからね。

（じい）管理職は、修学旅行担当学年に、「ウポポイに行ったらどうか」と説得する。教育界も、批判精神を失ったイエスマン、忖度マンが増えているので、よく吟味せず、「上」から言われたら、その通りに実行するしかない。

旭川の川村アイヌ記念館、登別の銀の滴館、平取の萱野茂アイヌ博物館、幕別《まくべつ》の蝦夷考古館と、アイヌ民族が自ら創ってきた博物館があるのになあ。

（ウパシ）それにしても、ウポポイを観光資源としか考えられないなんて、悲しいじゃないですか！　アイヌ文化やアイヌの歴史を伝え、先住権の必要を国民に知らせる施設ではないのですか？

（ノンノ）ウポポイを観光の起爆剤にして、経済効果をねらう！　しょせん、カジノもゴー・

トゥ・トラベルも、アイヌ文化も経済効果かって！　これって、国連の先住民族宣言に連なるはずのアイヌ施策推進法、そしてウポポイとなるはずだったのに、すごーくかけ離れていると思うな。

（じい）　ただ、菅さんはウポポイに思い入れはあった。次の岸田首相はどうなのかな？

（ウパシ）　ウポポイで示された歴史認識はどうでしょうか？

この6日間の学びを視点にしたら、そもそも、ウポポイにはアイヌ史が「雀の涙」しか展示していないことがわかりました。しかも、そこには「地所規則・北海道土地売貸規則」などの、アイヌ民族から土地・資源を奪った事実がすっぽり抜けていることもわかりました。

アイヌ史を真剣に調べようとするならば、北海道博物館のほうがずっと真摯にアイヌ史に向き合い、私たちに伝わってくる！　そう思いました。

（ノンノ）　さらに、ウポポイから1．2km離れているアイヌ遺骨のための「慰霊施設」の存在、そこには誰の謝罪もない「説明看板」の問題も、考えることができました。

（じい）　ただ、ウポポイは到達点ではなく、発展途上の施設、さまざまな課題を持っていても、それを指摘して、アイヌ政策岩盤の存在を知った上で、それを打ち砕き、よりよいものを創ってほしいとも思っている。そもそも、ウポポイはできたばかりじゃ。若者たちには批判精神をもって、新しいものを創ってほしいと思っている。それから私などはウポポイをまっとうにアイヌ史とアイヌ文化を学ぶ施設にしてほしいという想いで批判しているが、ネット右翼がガセネタ情報をもとに攻撃しているとも聞く。

そこでだ、最終日の今日は、『アイヌ神謡集』をテキストにし、知里幸恵の想いと、アイヌ近現代史に対する歴史認識を踏まえ、さらには未来へのメッセージを感じ取り、これを読解していきたい。もちろん、『アイヌ神謡集』をバイブルにするのではなく、この書を読み解いて、これからのアイヌ政策の姿を思い描いていきたいということだ。

（ノンノ）鋭い批判だけで終わってはいけない！　新しい時代を切り開く目を持って、考え、行動していかなければならない！　それを『アイヌ神謡集』を題材に使い、考えていこうというわけですね。

（じい）そうじゃ！　ところで、『アイヌ神謡集』序は、読んでみたことがあるかね？　知里幸恵の訴えたいことがここに凝縮しているはずだ。

（ウパシ）・その昔　この広い北海道は、私たちの先祖の自由な天地でありました。天真爛漫な稚児《ちご》の様に、美しい大自然に抱擁《ほうよう》されて、のんびりと楽しく生活していた彼等は、真に自然の寵児、なんという幸福な人たちであったでしょう。から始まります。

（ノンノ）これは、文学上のアイヌ文化観で、歴史上の事実とは区別が必要ですね。

（じい）その通りじゃ。よく気が付いた！　歴史上のアイヌ民族は、このような天国のような生活をおくってきたわけではない。これは幸恵の想う理想のアイヌ文化像と見るべきだね。

（ウパシ）現実の自然は美しく、楽しいだけではない。自然の猛威に襲われたこともあったでしょう。地震、津波、雷、暴風雨、動物に襲われる……、確かに自然の恵みばかりしゃない！

（ノンノ）それに、現代のアイヌ民族に、今もこういう生活をしているかのような固定化した民族像を押し付けないでほしい。

（じい）北海道に五百も残るチャシ。多くは砦として使われたようだが、それは同族間の闘争に使われたと、アイヌ伝承は語っている。

（ノンノ）しかし、「序」の最初の言葉、「その昔　この広い北海道は、私たちの先祖の自由の天地でありました」という言葉は、女性解放の第一歩、「原始、女性は太陽であった」とも匹敵する書き出しだと思う。

（ウパシ）時代も近いしね。「北海道は和人の大地じゃない」と言い切っているね。
（じい）「アイヌ民族はいない」とか、「国連の言う先住権は認められない」という言動を、ヘイトスピーチとか、御用学者とか、政治家がいろいろ発信するけれど、この「序」の最初の言葉の重みを考えてほしいものだ。
（ウパシ）その後に知里幸恵の想い、いかにアイヌが自然に囲まれ、楽しい世界に生きていたか、四季の過ごし方で説明します。
（ノンノ）しかし、日本風の春夏秋冬の移り変わりではありませんね。過酷なはずの、冬・夏の楽しさを先に伝え、その後に、穏やかな春・秋も、同じ視野で見ます。
（じい）あるいは、アイヌ文化では、マタコタン（冬の村）、サクコタン（夏の村）というように、冬・夏に分けることが多い。それを踏まえたものかもしれない。
（ウパシ）しかし、今や、そういう「楽園時代」は去ったと、幸恵は見ます。それは、山野・平和な境、それも今は昔、夢は破れて幾十年、この地は急速な変転をなし、山野は村に、村は町にと次第々々に開けてゆく。と記すことから、わかります。
（ノンノ）この画期となった年を、敢えて歴史事実にあてはめてみると、１８６９年ですね。この地点を境に、

・僅かに残る私たち同族は、進みゆく世のさまにただ驚きの眼をみはるばかり。しかもその眼からは一挙一動宗教的観念に支配されていた昔の人の美しい魂の輝きは失われて（中略）よその御慈悲にすがらねばならぬ。あさましい姿、おお亡びゆくもの……それは今の私たちの名、なんという悲しい名前を私たちは持っているのでしょう。

と説明します。

（じい）　かつて、大自然に囲まれ、生き生きと生活していたアイヌ民族が「文明」の侵出、そして「序」では明らかにしないが、史実としては和人という侵略者によって、「落ちぶれていく」、これが私たちの姿だと、現状認識する。

（ウパシ）　「私たちは和人ではない」という想いは「よその御慈悲」という言葉にも現れているよ。侵攻してきた和人はあくまでも「よそ」者なのだ。

（じい）　しかし、現状認識は現状認識、幸恵は未来への願い、希望があった。

（ウパシ）　それが「いつかは、二人三人でも強いものが出て来たら、進みゆく世と歩をならべる日もやがては来ましょう」ということですね。

（ノンノ）　しかし、それだけではない。

・多くの言語、言い古し、残し伝えた美しい言葉、それらのものもみんな果敢なく、亡びゆく弱きものと共に消失せてしまうのでしょうか。

（じい）と、祖先から伝えられたアイヌ伝承（カムイ・ユカラ）を書き残す決意を示します。

（ノンノ）この原稿の校正を続けながら、知里幸恵も亡くなる。

（じい）しかし、彼女の想いは、はるか百年後までも、いや今後も、私たちの胸をとらえ続けるでしょうね。

幸恵の「序」に示した想いは、『アイヌ神謡集』に選ばれた13編のお話（カムイ・ユカラ）を考える上での支柱になるから、まず、「序」の世界認識をいっしょに考えていった。言い換えれば、「序」に示した考えが13編を通して、具現化していると見るべきだろう。

2　銀の滴降る降るまわりに

（ウパシ）『アイヌ神謡集』は、「序」が一番有名だけど、中学校のときの歴史教科書には、第1話の「梟《ふくろう》の神の自ら歌った謡」の一部も載っていたよ。

（ノンノ）いわゆる「銀の滴降る降るまわりに」で和訳が始まるお話ですね。

ところで、この「フクロウの神が自ら歌う謡」って、どういう内容か、いっしょに

（じい）　読み解いてほしい。

まず、お話を進める話者が自分の体験談として語るのだが、その話者はこの場合、フクロウ神ということを押さえて！
（ウパシ）　そうか！　カムイ・ユカラって、神々が話者であり、主人公なのか。
（じい）　その神が、動物だったり、植物だったり、いや、火や風や海や……、人の力の及ばない、あらゆるものを神（カムイ）と見て、その神の語りを、チセの中で、人間（アイヌ）が語っていくのだよ。

それから、このお話の場合のアイヌとは、民族としてのアイヌではなく、アイヌ＝人間と、とらえてほしい。そして、ここからの対話では、民族としてのアイヌを言う場合は「アイヌ民族」と言うからね。

ウパシさん、ノンノさん、この「フクロウ神」のお話（「銀の滴」）を簡単に説明してみて！
（ウパシ）　まかしといて！
・フクロウ神が空を舞っていると、地上に「昔の貧乏人が今、お金持ち」になっていて、「昔のお金持ちが、今、貧乏人」になっているのが見えました。
（ノンノ）　・海辺に、「昔の貧乏人で今、お金持ち」の子どもと、「昔のお金持ちで今、貧乏人」

の子どもが遊んでいて、フクロウ神をおもちゃの小弓で射ようとしました。フクロウ神は「今、金持ち」に対しては、矢を巧みにかわし、「今、貧乏人」に対しては、「手を差しのべて、その小さい矢を取」ります。

（じい）　ここに、アイヌ風の考え方があるね。射る側が上手だから、「獲物」を取るのではなく、「獲物」の側が「この人なら、射られてもいい」という人を選び、自分で矢を受け取るという考えだ。

（ウパシ）・フクロウ神（の霊）は、そのまま、「今、貧乏人」の小さな家に行き、りっぱな宝物、神の宝物でいっぱいにし、それを、夢を通して、家の人に伝えます。

（ノンノ）・「今、貧乏人の子ども」は「今、お金持ち」の家に行き、フクロウ神を神の世界に送る儀式を行うからきてほしいと、招待しました。

（じい）　この儀式をイヨマンテと言っているよ。クマのイヨマンテが有名だよね。

（ウパシ）・「今、貧乏人」の主人は「私共は一族の者なのだから、仲よくいこう」と言い、「今、お金持ち」は家の豪華さに驚き、今までの無礼を「今、貧乏人」に謝ります。一方、フクロウ神はたくさんのお土産（お供え）をもらって、神の世界に戻りました。

（ノンノ）・時は流れ、あのときの「貧しい主人」は村の頭になり、あのときの貧しい子どもは、妻子がいて、酒宴のときには、幣や酒をフクロウ神におくります。

（じい）　だから、フクロウ神も、人間の世界を守り続けているというのです。
ウパシさん、ノンノさん、要約ご苦労さま。（パチパチ……）
このお話を、小坂洋右氏『アイヌ、日本人、その世界』では、
・心根のよい貧乏人が金持ちを見返し、立場が逆転するという、話の骨格だけを見れば、日本昔話でも語られてきた組み立てではある。だが、貧乏な子どもが幸せになる展開に、幸恵が苦難のさなかにあるアイヌ民族の未来を重ね合わせようとしたと捉えるのは、果たしてうがちすぎだろうか。
と言っている。きみたち、どう思う？

（ウパシ）　全然、「うがちすぎ」ではないよ。それどころかこのお話は、『アイヌ神謡集』の「序」にピタッと重なったお話だと思ったよ。

（ノンノ）　どういうこと？

（ウパシ）　『アイヌ神謡集』の「序」に示す、歴史経過は、
①昔、アイヌ民族は、美しい大自然に抱擁されて、のんびりと楽しく暮らしていた。
②しかし、山野は村に、村は町に「開けてゆく」に連れて、「よその御慈悲にすがらねばならぬ」「あさましい姿」「亡びゆくもの」という状況になった。

③けれども、将来は違う。いつかは二人三人でも強いものが出て来たら、進みゆく世と歩をならべる日も来る。それはアイヌ民族の切なる望み、明け暮れ祈っていることだ。
と、捉えています。

（ノンノ）フムフム。

（ウパシ）この歴史経過は、そっくりそのまま「フクロウ神の神謡」にあてはまります。
❶昔、北海道の大地で楽しく暮らしていたお金持ち（アイヌ民族）がいました。
❷しかし、そのお金持ち（アイヌ民族）は、「今、貧乏人」になってしまいました。代わりに、「昔、貧乏人（今、お金持ち）」が我が物顔で生きていて、「今、貧乏人」（アイヌ民族）を見下しています。
❸けれども、神の世界を敬い、敬虔に生きた、「昔、お金持ちで、今、貧乏人（アイヌ民族）」は、位の高いフクロウ神の祝福を受けます。そして、その祝福を受けた男の子が成人になるときには、再び栄えます。
という流れですからね。

（ノンノ）と言うことは、「昔、貧乏人で、今、お金持ち」は「文明人」と言えますか。

（じい）控えめな幸恵は一切口に出さないが、論理上、北海道に侵攻し、アイヌ民族を圧迫し、差別している和人勢力を指しているとみるべきだろうねえ。
ただね、アイヌの民話は、片方が栄え、片方が衰えるという話が多いのだけど……。

（ウパシ）しかし、このお話は違いますね。
・彼《か》のアイヌ村を見ると、今はもう平穏で、人間たちはみんな仲よく、彼《か》のニシパ（注〜りっぱな旦那）が村の頭《かしら》になっています。

（ノンノ）というように、アイヌも和人も、「人間たちは皆仲よく」となっている。
そこは本来のカムイ・ユカラというよりも、知里幸恵の将来への想いだったのではないでしょうか。

3 キーパーソン＝オキキリムイ

（じい）『アイヌ神謡集』の第3話「兎《うさぎ》が自ら歌った謡　サンパヤ　テレケ」、4話「谷地の魔人が自ら歌った謡　ハリツ　クンナ」、第5話「小狼の神が自ら歌った謡　ホテナオ」の、それぞれの話者は、ウサギ、谷地の魔人、小さなオオカミだ。しかし、三つのお話のキーパーソンは、オキキリムイという人物だ。

（ウパシ）オキキリムイとは、どういう人物ですか？
（じい）いわゆる「文明」圏には、ブッダとかイエスの教えがある。しかし、アイヌの社会には、そういう「人間の理想」を説くカリスマ人物はいない。ところが、アイヌ文化の本質を体現する人物として、オキキリムイ（オキクㇽミ）を物語に登場させる。いわば、アイヌ民族の長い歴史の中で醸成された理想人物を、オキキリムイという人物に託し、創り上げたと言えようか。
（ノンノ）カムイとは神様で、カムイこそが正しい生き方をするものではないのですか？
（じい）カムイ（神）も、アイヌ（人間）も感情があり、自己中心的であり、正しい生き方ができない。両者とも、しょっちゅう間違いを起こし、本来の摂理とは、はずれた生き方をする。その中で、正しく生き、言うべきことを言う、行動すべきことは行動する、それがオキキリムイだ。
（ノンノ）ウパシさん、第3話「兎が自ら歌った謡」のストーリィを要約してみて！
（ウパシ）オッケー！
・（弟）ウサギと（兄）ウサギは、毎日、谷を越え、山へ行き、人間が造った仕掛け弓を壊しては笑い続けました。
（ノンノ）じいさん、ここで疑問に思ったのだけれど、ウサギの兄弟が仕掛け弓を壊すのは、

（じい）　当たり前でしょ。仕掛け弓にひっかかったら、食料にされてしまうじゃないの。ウサギは人間に食べられるために、利用されるために、肉や皮を着て、カムイの国から、やってきて、生きていくことになる。ウサギは、だから、仕掛け弓で捕えられなければならない運命なのだ。

（ノンノ）　それって、人間（アイヌ）の自分勝手と言わないの？

（じい）　人間（アイヌ）は、人間のために、肉や皮などを提供した動物の霊（カムイ）に感謝し、丁重にカムイの世界に送ることが必要になる。すると、その霊はカムイの世界で、高い位に就くことができると考えたわけだ。

（ノンノ）　「銀の滴」の話で思い出したよ。あのとき、フクロウ神は「この人なら、きちんとカムイの世界に丁重に送ってくれる人」を見つけ、自ら、その人の矢を受け取ったよね。そっかあ、ウサギは本来、自分をカムイの世界に丁重に送ってくれる人を探し、自らその人の仕掛けた仕掛け弓で討たれなければならないのか！　それがアイヌ民族の精神文化なのですね。ウパシ、お話を続けて！

（ウパシ）　・ある日、（兄）ウサギが仕掛け弓にひっかかり、（弟）ウサギに「ウサギ村に帰って、このことを伝えてくれ」と言います。しかし、（弟）ウサギは遊びながら、ウサギ村に帰り、（兄）ウサギのことを忘れてしまいました。

それからは、(弟)ウサギが毎日、山へ行っては仕掛け弓を壊すのをおもしろがって生きていきます。

(ノンノ) これって、アイヌ風の自然の摂理に逆らって生きているね。

(ウパシ) ・ある日、(弟)ウサギもとうとう、仕掛け弓に引っかかってしまいました。

(ノンノ) こういう生き方をするカムイはどういう運命になるの?

(ウパシ) ・やがて、(弟)ウサギの前に、神のような美しい人間の若者が現れました。

(ノンノ) 人間世界の理想・オキキリムイですね。

(ウパシ) ・若者は神の宝物がいっぱいの大きな家に住んでおり、(弟)ウサギの体を切り刻んで、鍋に入れます。このとき、(弟)ウサギの魂は「なんにもならないつまらない死に方、悪い死に方をしなければならない」と、深く後悔します。

(ノンノ) (弟)ウサギは誰のためにも役立っていないからね。
こんな死に方をしたら、だれも自分の霊に感謝し、カムイの世界に送ってくれないものね。自分が何のために人間(アイヌ)の世界に遣わされてきたのか、オキキリムイに捕まって、やっと理解したということね。

(ウパシ) ・(弟)ウサギの霊は、一片の肉に自分を変えられてしまいますが、戸外へ逃げました。

（ノンノ）オキキリムイはさすがに（弟）ウサギが悪い死に方をするのを不憫に思い、追いかけて来ませんでした。

（ウパシ）オキキリムイの器というか、人間の大きさか！

（ノンノ）・しかし、それまでシカほどの大きさがあったウサギは一つの肉片ほどの小さな姿に生まれ変わります。だから、これからのウサギは「決してイタズラするな」と、ウサギの首領がウサギの子どもたちに伝え、この世を去ったのです。

失敗したウサギが子孫に、自然の摂理に合った生き方を説くという形、遺言ですね。だけど、もちろん、このお話は人間に説いているわけだから、自然の摂理とは何か、カムイは本来どうしなければならないのか、何よりも、自分たち人間はカムイとどう向き合って生きなければならないかを教えていると言えます。

4　人間の位置

（じい）第6話「梟の神が自ら歌った謡　コンクワ」を読んでみよう。ここは、ノンノさん、あらすじを説明して！

（ノンノ）はい！

・フクロウ神が「私は年を取ってしまった。誰か、天国へ行って、私の主張したいことを代弁してくれないか」と言います。
まず、これに応じたのが、カケスの若者。フクロウは談判する内容を三日間、言い聞かせますが、途中で居眠りをしてしまいます。フクロウは羽ぐるみひっぱたいて、殺しました。

次に、山のカケス。しかし、山のカケスは、四日目に居眠りをしてしまい、羽ぐるみひっぱたかれ殺されました。

次に、川ガラスの若者が来ます。六日間続いた話を理解し、神が出入りする窓から出て、やがて天国に着きました。


(じい) アイヌ文化にとって、「六」という数は日本語の「八」とか、英語のラッキー「七」とか、ウーン、何と言うか、「完璧」とか「たくさん」とか「聖数」とか、うまく言えないが、ともかく特殊な位置の数字なんだ。
(ウパシ) それで談判する内容は何ですか？
(ノンノ) シカを司る神と、魚を司る神が、人間にシカも魚も与えない、それに対する抗議でした。
(ウパシ) シカとサケは、アイヌのメイン・フードでしたね。

（じい）　しかも、その伝言は、位の高いフクロウ神によるものだった。ノンノさん、続けて！

（ノンノ）・数日して、川ガラスの若者が戻ってきました。天国のシカの神や魚の神が人間にシカや魚を送らない理由、それは人間の、シカや魚に対するぞんざいな扱いに怒ったものだったと言います。

そのことを知ったフクロウ神は、人間たちの夢に伝えます。人間は反省して、魚を捕るときも、シカを獲るときも、きれいに祭り、魚の神やシカの神に感謝を込めて、カムイの世界に帰ってもらいました。魚の神やシカの神は喜んで、たくさんの食料を出してくれるようになりました。結果、人間の国から飢饉はなくなったということです。おしまい！

（ウパシ）　これは自然の摂理を破った人間が悪い。天の神からいただいたものはその霊に感謝し、祀って、天に帰ってもらう。これが、神（カムイ）と人間（アイヌ）の関係なのに、人間はそれを怠った。つまり、人間が犯した過ちを反省し、本来、人間はどうあるべきかを説いたお話ですね。

（ノンノ）　前回の「兎が自ら歌った謡」はカムイ（神）から見ての「自然の摂理」を破る話、今回はアイヌ（人間）から見ての「自然の摂理」を破る話ですね。

（じい）　そこまでは、このカムイ・ユカラの解釈としては正しい。しかし、『アイヌ神謡集』の作者・知里幸恵がたくさんのお話から、これを選んだ理由を考えてみようか。「序」で、「大自然に抱擁されてのんびりと楽しく生活していた」アイヌ民族と、「山野は村に、村は町にと」変えていく和人を対比していますね。となると、このお話はアイヌへの教訓という形を取りながら、和人のもたらす文明への疑念、警笛を強く意識したものかもしれない。

（ノンノ）　そういうことなら、「序」の「私たちを知って下さる多くの方に読んでいただく事が出来ましたならば、私は、私たちの同族祖先と共にほんとうに無限の喜び、無上の幸福に存じます」という言葉が響いてくるよ。とてもとても丁寧な言葉を使っていますが、「私たちの同族祖先と共に」ということは、この本は和人に向けたものと言えます。その和人に、そんな自然を冒涜した生き方でいいのか！　天の怒りに触れるぞ！　と言いたいのでしょうか。

（ウパシ）　人間にとって食は生きていく上での核心です。しかし、「文明」が進むほど分業が進み、生産者、そして何よりも食となって生命を奪われる動植物が見えなくなってしまう。となると、このお話は「文明」への鋭い批評となりますね。人間の食として生命を与えている天界の意志が聞こえているかと！

（ノンノ）

5　環境破壊に対する眼

（じい）　『アイヌ神謡集』の第10話「小オキキリムイが自ら歌った謡　クツニサ　クトントン」と、第11話「小オキキリムイが自ら歌った謡　この砂赤い赤い」は、同じ形の主張を持ったお話だ。ウパシさん、第11話「この砂赤い赤い」のあらすじを言って！

（ウパシ）　まかせといて！

・ある日、小オキキリムイが川の流れをさかのぼって、遊びに行ったら、悪魔の子がニコニコしています。クルミの小矢を持って、「小オキキリムイ、遊ぼう。魚の根を絶やしてみせよう」と言って、クルミの小矢を水源に放ちます。川は濁り、サケたちが上ろうとしても、泣きながら、引き返すのです。

（じい）　第2日目のアイヌの歴史を説明するとき、シャクシャインの戦いのお話をした。そのとき、イシカリ首長・ハウカセが和人の圧力に対し、「アイヌはもともとシカの皮を身に付け、魚を食べて生きてきた。和人からのモノなど、送ってくれなくてけっこうだ！」と言ったことを紹介した。シカとサケに対する、アイヌ文化での位置づけがわかる言葉だったね。

（ノンノ）「開拓」期に、サケ漁を禁止し、アイヌ民族は大変な苦しみを味わったことも忘れてはならない。それをニコニコして、川に「汚水」を垂れ流し、サケの遡上を止める悪魔の子。ウパシ、お話を続けて！

（ウパシ）・小オキキリムイ（話者）は腹がたち、銀の小弓で、銀の小矢を水源に放つと、銀の水、清い水が流れ、サケたちは元気に大笑いをして、川に上がっていきました。それにめげない悪魔の子。思うように行かないので、かんしゃくを起こし、今度は「シカの根を絶やしてみせよう」と言って、クルミの矢を牡ジカ、雌ジカに放ちます。

（ノンノ）シカも、アイヌのメイン・フードです！　しかも、「開拓」期に狩猟を制限された上に、「開拓」期の一時期、シカが減少し、アイヌ民族は餓死者を出すほど、苦しめられたね。ウパシ、続けて！

（ウパシ）・小オキキリムイは銀の小弓に銀の小矢を番《つが》えて、シカの群れに放つと、銀の風、清い風が吹いてきて、シカが戻りました。悪魔の子はかんしゃくを起こし、「力比べをしよう」と相撲の勝負を挑みます。悪魔の子はとても力がありましたが、とうとう山の上へ投げられ、地獄に突き落とされました。

結果、川では、サケが笑う声、遊ぶ声、山の木原では、シカが笑う声、遊ぶ声でいっぱいになりました。小オキキリムイは安心して、家へ戻りました。おしまい！

（じい）サケ・シカを奪う悪魔の子、それと闘う小オキキリムイ。アイヌの歴史の中では、アイヌの人たちに飢餓をもたらす自然災害が何度もあったに違いない。これは、本来は、それを物語るお話だったのだろう。

（ウパシ）しかし、『アイヌ神謡集』の「序」を見た上で、知里幸恵がこの題材のお話を選んでいることを考慮に入れると、彼女の並々ならぬ決意を感じますね。

それは、アイヌ民族からサケやシカを奪ったのは、他ならない和人ではないか、日本の「開拓」政策ではないか、という憤りです！　そして、元々の「自然の寵児、なんという幸福な人たちだったのでしょう」の状態に戻してほしいという願いを感じる。

（ウパシ）オレは、知里幸恵を越えて、現代から見ての、環境破壊に対する怒りを感じる。ニコニコ笑いながらの悪魔の子による、この汚水の垂れ流しって、何なのだと。

足尾鉱毒事件、イタイイタイ病、水俣病、それらを起こした大企業。さらには福島第一原発の放射能とその「汚水」、それをアンダー・コントロールされていると騙し、東京オリンピックに導いた安倍首相。核のゴミを率先して受け入れ、多額の補助金を得て「地域の活性化」をしようという寿都町、神恵内村、どちらもアイヌ語地名なのだが……。「ニコニコした悪魔の子」は、今も、ほら、そこにいるではないですか！

（ノンノ）そして、それを黙ってみているのは「あなたですよ」！

（じい）「文明」に対する怒りか！　神恵内とは、カムイ（神）・ナイ（沢）の意味だったよ……。

6　自然を押しつぶす「文明」

（じい）『アイヌ神謡集』の第13話、つまり、知里幸恵が最後に選んだお話は「沼貝が自ら歌った謡　トヌペカ　ランラン」だ。もちろん、同書の原稿を書き上げ、校正しながら、この世を去るとは、本人は思ってもいなかっただろう。しかし、「序」に自らの意思を主張し、「銀の滴降る降るまわりに」でその思いを具現化してきたのだ。「トヌペカ　ランラン」を最後に持ってきたのは、単なる偶然ではなく、幸恵の本書にかける思い、その総決算だったと言える。

（ノンノ）幸恵はこの日に亡くなるとは思ってもいなくても、少なくとも、歴史上、初めてアイヌの民話を、アイヌ語を全面的に出して、アイヌ自身の手で世に公表するという想いはあったはず。きっと、この13話は「序」と呼応する大切な話ですね。

(じい) ウパシさんとノンノさん！　二人で順に、あらすじを言ってくれ。

わしがこの話を7日間の学びの最後に持ってきたわけがわかるはずじゃ。

(ウパシ) よし、きた！

・話者は沼貝ですが、強烈な日光で地面が乾き、今にも死にそうです。「誰か水を飲ませてくれ」と泣き叫びます。

浜から、一人の女が来ます。沼貝を見て、「何を泣いている、うるさい！」と悪態をつき、踏みつけ、貝殻とともにつぶして、山へ行ってしまいました。

(ノンノ) ・次に、神のような気高い娘さんが来ました。「かわいそうに」と言って、沼貝を集め、フキの葉に入れて、きれいな湖に入れてくれました。沼貝は元気になりました。

(ウパシ) ・先に来た意地悪な女はサマユンクㇽの妹で、沼貝を助けてくれた淑《しと》やかな女性はオキキリムイの妹でした。

沼貝はサマユンクㇽの妹のアワ畑を枯らし、オキキリムイの妹のアワ畑を実らせました。沼貝の力で豊作になったことを知り、これ以降、沼貝の殻で、アワの穂を摘むようになりました。おしまい！

（ノンノ）このお話、本来は沼貝の殻でアワの穂を摘む理由を示したお話だね。

（ウパシ）さらに、日本の神話の大国主命《おおくにぬしのみこと》と因幡《いなば》の白兎のお話にも、似ていると思った。

（ノンノ）しかし、知里幸恵がわざわざ、このお話を最後に選んだ理由がきっとありますね。つまり、オキキリムイの妹は自然のものに生命を感じ、その生命に共感を持つことを理想とするアイヌ民族を言ったもの。

一方、サマユンクㇽの妹は、自然を破壊して「開拓」の名のもと、「山野は村に、村は町にと」「開発」していく和人を言ったもの。そして、アイヌ民族全体が自然と暮らし、幸せに生きていける世の中を頭に描いていたのかしれない。

（ウパシ）さらに言えば、沼貝を助けるのは、オキキリムイ（男）ではない。オキキリムイの妹（女）だ。アイヌ民族として差別され、女性としても差別されてきた幸恵は、沼貝を助けるヒロインを最後に持ってきた意味を感じるね。

（ノンノ）そして、それは現在から見ると、サマユンクㇽの妹＝和人、オキキリムイの妹＝アイヌ民族という図式を越えて、サマユンクㇽの妹＝自然を痛めつけ、しっぺ返しを受けている「文明」人、オキキリムイの妹＝「文明」の病理を救う思想、となるわ。「文明」の病理とは……。つまり、人間の欲がドンドン肥大化し、それに見合って電力をバンバン使い、原子力発電がこれほど地球を害すると言ってもやめられず、再生可能エネルギーというキャッチフレーズで、実は広大な山や海を荒らし、高さ200ｍもの巨大風車を大量につくる、そしてそういうことを主張する人たちを、今、経済効果が上がるからと、選挙で選ぶ「文明」人。

（ウパシ）1億2000万人もの日本国民のうち、わずか2万人くらいしかアイヌを名乗る人がいない、それを寄ってたかって、「アイヌ民族はもういない」と言い、「アイヌの人たちを差別する」人たち。先住権を訴えるどころか、「私はアイヌだ」と言うことにさえ圧力をかける、がさつなかれら。

しかし、アイヌの人たちが自然の中で育んできたお話の中に、「文明への警笛」がこれほど鮮やかに組み入れられている。

（ノンノ）幸恵に出版を促したのは金田一京助で、彼は学問的な見地から、幸恵の才能を見抜いていたのだろう。しかし、幸恵の生涯をかけたこの書は、強烈な同族への想い、アイヌ文化への想いが込められている！　アイヌ文化の発信への、覚悟が伝わってくる。

（ウパシ）そして、これは幸恵の想いを越えて、「文明」とは何か、この「文明」の方向で、私たちは間違いないのかと、もし間違いを起こしているなら、正しなさいと、自然の摂理をフクロウが伝えたように（第6話）、私たちに問いかけているように思えます。

ウポポイの目映い光に囲まれた中での演技や映像ではない、本当の意味でのアイヌ史と、アイヌ文化の精神を学び、発信することが必要なのだ！

（ノンノ）これからのアイヌ政策の方向がわかってきた気がする！

いや、これからの人間が生きる方向のヒントになると思うわ。

（ウパシ）あれ、じいさん、いなくなった。いつのまに、どこに行った？

じいさーん、じいさーん。

（ノンノ）ウーン、これからの若者よ、前の世代のできなかったことを踏まえて、新しい世の中を創っていけということか！

（ウパシ）じいさーん（叫ぶ）、ワカッタゾー！　まかしときな！

次の世代も捨てたものじゃないぞ！

おわりに

私は、田舎の、どこにでもいる、おじさんです。

あらゆることに不器用で、本当は内気で、多くの人の善意に支えられて、何とか生きている、本当に、みんなに助けてもらわなければ、何もできないおじさんです。スマホもなければ、ゲームもしたことがない時代遅れのアンモナイト級の化石だと思っています。

ただ、歴史が好きだった。日本史に興味を持ち、アイヌ史の通史は生涯かけて調べたい、また、アイヌ史最大の戦い・シャクシャインの戦いは、とことん、調べ尽くしたいと思っていました。

ところが、そんなおじさんが、アイヌ民族副読本の小学校版（アイヌ民族文化財団）、高校版（北大アイヌ・先住民研究センター）の執筆者として関わりました。そして、小学校版の、私の書いた箇所が、ヘイトスピーチの政治家に指摘され、道議会・国会・ユーチューブで批判されたのです。

このとき見た光景。それは、あり得ない世界でした。アイヌ民族文化財団も、北大アイヌ・先住民研究センターも、北海道アイヌ協会の幹部も、そして、多くの「アイヌ学」学者も、ヘイトスピーチの味方をする姿ですから。そして、私のような名もなき市井のおじさんが書いた一文を、名だたる権力者たちが一斉に、ねじ曲げるようにと、すさまじい形相で圧力をかけるのですから。

今だから思います。ねじ曲げないで、本当によかったと。このとき、大「先生」や大「幹部」の言われるままに書き換えていたら、死ぬまで後悔していたでしょう。

そして、このときの彼らの対応は、まさしく、アイヌ政策の立ち位置を示す、リトマス試験紙になりました。

その後になって、政府の「有識者懇談会」報告の歴史記述を読みました。これが、アイヌ政策のもとになるアイヌ史の考えだからです。そして、「アイヌ学」学者の中枢にいる人がそのメンバーに入っていました。

何が問題なのか、小さな小冊子にして、数十冊ほど、印刷し、知人に配布しました。整然とした論理を組み立てる論文ではなく、その時々の肉声と熱っぽい想いが伝わる唯円の『歎異抄《たんにしょう》』をめざしました。ただ、この冊子は、これで終わる、これ以上、世に出ることはないと思っていました。

ところが、藤田印刷エクセレントブックスの藤田卓也氏から若い人に読んでもらいたいので出版しないかというお話がありました。私も、若い人たちにアイヌ政策の実態をぜひ知ってほしい、何が問題なのか、考えてほしいと思いました。新聞やテレビで紹介されるアイヌ史・アイヌ文化・アイヌ政策を覆っているベールをはがし、本当の姿を白日の下にさらしたいと思いました。この本の特徴はただ一つ、権力や権威にいっさい媚びず、おもねず、ただただわかりやすく書こうとしました。

日本に、アイヌ民族という先住民族がいる、その歴史はどうなのか、そして、現在のアイヌ政策が「アイヌ学」村の先生たちに牛耳られている実態、アイヌ政策岩盤があることを知ってもらいたい、その仮面の中の正体を暴露し、これから、どのような世の中にするべきか、次代の方々に考えてほしかったのです。

私は長く小学校の教員をしてきて、最後の十年ほど、強く感じました。「上」に言われるままに背広を恭しく着て、「お上」の言う話を「ハハーッ」と承り、誰かに形をつくってもらい、その通りに動く。歴史上、こんなに若者が「お上」に従順な時代はあったのだろうかと。「上に従順なんて、くそくらえ！」「お上など何の知性も教養もない」「学びは新しい世の中をつくるために学ぶんだ」、そんな思いを込めて、この本を書きました。

最後になりますが、カバー文様は新卒時代に大変お世話になった小林美智子さんによるものです。小林さんを始め、多くの方に支えられ、今の私が存在することを振り返っています。

２０２１年11月

著者略歴　**平山裕人**（ひらやま・ひろと）
1958年、北海道小樽市生まれ。
1981年、北海道教育大学卒業以後、38年間小学校教員。
現在、家でひっそりと歴史塾（コロポックル学びの家）を続ける。
〈著書〉
『アイヌ語古語史料集成』2012年（自費出版）
『アイヌの歴史』2014年（明石書店）
『シャクシャインの戦い』2016年（寿郎社）
『地図でみるアイヌの歴史』2018年（明石書店）
『小学校〈超管理教育〉の実態』2020年（寿郎社）
『アイヌ社会史と遺骨を考える』2021年（自費出版）
他、多数。
〈共著〉
『アイヌのチャシとその世界』1994年（北海道出版企画センター）
『北海道の地名』2003年（平凡社）
『図説 小樽・後志の歴史』2008年（郷土出版社）

アイヌ民族の現在、過去と未来！

藤田印刷エクセレントブックス
発行日　2021年11月12日
著　者　平山裕人
発行人　藤田卓也
発行所　藤田印刷エクセレントブックス
〒085-0042
釧路市若草町３番１号
TEL 0154-22-4165
印刷・製本　藤田印刷株式会社

ISBN 978-4-86538-127-6 C0295